알짜 중국어단어

1700 포켓판

21세기 어학뱅크 —
WORLD 월드컴

『알짜 중국어 단어 1700 포켓판』
은 특히 중국에서 생활하거나 여행하
는데 어려움이 없도록 일상 패턴의 항
목을 자세히 분류해서 엄선한 단어를 85개 분야,
1700여 단어로 정리한 것입니다. 각 단어에는 중
국어 병음은 물론 우리말 토가 달려 있어 읽는데
부담이 없으며, 현재의 중국에 관한 이해를 넓히
기 위해 급변하는 중국을 의·식·주 등 일상생활,
학교와 사회생활, 생물과 환경, 질병과 사고 등의
다양한 방면에서 소개하고 있습니다.

부디 이 책이 중국어에 관한 흥미를 갖게 함과
동시에, 여러분에게 더욱 효과적이고 유익한 교재
가 되길 기대합니다.

중국어 어학 연구소

목 차

3장 필수 단어

4장 행동과 취미

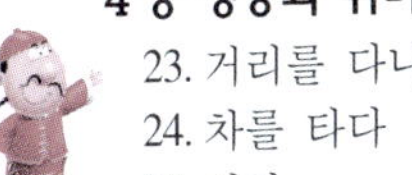

목 차

5장 일상생활

6장 학교와 사회생활

일러두기

이 책의 구성과 특징은 다음과 같습니다.

 **중국어의 기초지식**

중국어란 어떤 언어이며 어떤 특징이 있는지, 기본 문형으로는 어떤 것이 있는지 등 중국어를 배우기 전에 알아두어야 할 중국어의 기초를 알기 쉽게 설명합니다.

 **장면별 단어와 발음**

단어는 한 장면 당 20개씩 선정했고, 동의어는 ( ) 안에 넣어 함께 표시했습니다. 발음은 중국어를 처음 공부하는 분들을 위해서 병음 표기와 한글 토를 함께 달았습니다.

 **중국문화를 엿볼 수 있는 부록**

중국, 중국인을 알 수 있는 다양한 정보가 가득합니다.

1장

현대 중국어의 기초지식

중국어는 어떤 언어?
간체자는 어떤 한자?
중국어에는 어떤 특징이 있나?
중국어의 기본 문형

중국어는 어떤 언어?

　"중국어가 뭐죠?" 라는 질문을 받으면 여러분은 어떻게 답하시겠습니까? 우리들이 공부하는 중국어는 '普通話(푸퉁화)'라 불리는 중국 공통어를 가리킵니다.

　중국은 세계에서 가장 넓은 국토를 가진, 가장 많은 인구를 자랑하는 나라입니다. 더욱이 수많은 방언과 여러 민족의 언어가 혼재하고 있습니다. 방언은 크게 나눠 北方방언·吳방언·湘방언·閩방언·客家방언·粵방언·贛방언의 7가지로 나눠집니다. 이들 방언은 우리들이 각지의 방언을 알아듣지 못하는 것과는 큰 차이가 있습니다. 예를 들어 '실례합니다'라는 말의 북경어(北方방언)와 광동어(粵방언)에는 다음과 같은 차이가 납니다.

北京語 : 对 不 起 (뚜이 뿌 치)
廣東語 : 對 序 住 (뚜이 쐬 쭈)

또, 중국에는 56민족이 있고, 만주족은 만주어, 몽골족은 몽골어, 티벳족은 티벳어, 윙글족은 윙글어를 사용하는 등 언어는 물론, 생활습관과 종교 면에서도 민족별로 특징이 다양합니다.

이처럼 많은 방언, 많은 민족이 어우러져 있어 중국에는 공통의 언어가 필요했습니다. 그래서 중국정부는 전후 중국의 공통어로서 '普通話'를 만든 것입니다. 즉, '普通話'는 북경어의 발음을 표준음으로 하고, 북방방언을 기초방언으로, 魯迅의 문학작품을 중심으로 한 현대 구어체 작품을 문법 기준으로 제시한 현대중국어입니다.

간체자는 어떤 한자?

중국의 상용한자는 갯수는 물론 획수도 많아서 외우고 쓰기에 대단히 불편했습니다. 그래서 중국정부가 여러 번에 걸쳐 문자를 간략화해 왔는데, 이 간략화된 문자를 '간체자(簡體字)'라고 합니다(간략화되기 전의 문자는 '번체자(繁體字)'라고 합니다). 간략화하는 데에는 원칙이 있으며, 변이나 방을 간략화한 것(言→讠), 글자의 일부분을 사용한 것(麗→丽), 초서체의 자형을 개서화한 것(東→东) 등 여러 가지가 있습니다.

● 변이나 방이 간략화된 것

緣 → 缘　　經 → 经　　話 → 话　　讓 → 让

館 → 馆　　飯 → 饭　　鈴 → 铃　　錢 → 钱

決 → 决　　準 → 准　　現 → 现　　覺 → 觉

●일부가 생략·변형된 것

開 → 开　　關 → 关　　氣 → 气　　廣 → 广

飛 → 飞　　雜 → 杂　　漢 → 汉　　機 → 机

●우리가 쓰는 한자와 전혀 다른 것

幾 → 几　　個 → 个　　車 → 车　　聽 → 听

筆 → 笔　　賣 → 卖　　買 → 买　　葉 → 叶

●우리가 쓰는 한자와 닮은 것

營 → 营　　單 → 单　　劃 → 画　　變 → 变

壓 → 压　　邊 → 边　　步 → 步　　骨 → 骨

❶ 병음과 성조

중국어의 발음은 '병음(拼音)'이라 불리는 중국식 로마자로 표기됩니다. 이것은 영어를 읽는 방법과도 다릅니다. 또, 중국어 단어의 각 음절에는 '성조'라 불리는 인토네이션이 따릅니다.

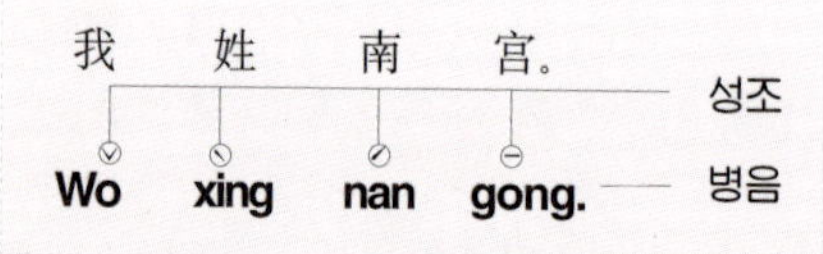

❷ 중국어에는 시제나 격변화가 없다

중국어에는 시제에 따른 변화나 격변화가 없으므로 1인칭이든 3인칭이든, 또 현재, 과거, 미래의 어느 시제이든 동사의 변화가 없습니다.

지금 나는 서울에 살고 있습니다.
… 现在, 我 住在 汉城。
작년에 그는 서울에서 살았습니다.
… 去年, 他 住在 汉城。

❸ 중국어는 어순이 중요

　중국어는 어순이 매우 중요합니다. 중국어에는 한국어의 '이/가 · 을/를'에 해당하는 조사가 없으므로 어순으로 주어, 동사, 목적어 등을 구별합니다.

　　나는 그를 사랑하고 있습니다. … 我　爱　他。
　　그를 나는 사랑하고 있습니다. … 我　爱　他。
　　　　　　　　　　　　　　　　　　（×他爱我）

❹ 한자 하나에 읽는 방법도 하나

　우리말 한자에는 음독과 훈독이 있습니다만 중국어는 기본적으로 한 한자당 읽는 방법이 하나밖에 없습니다. 예외도 있습니다만 하나씩 차근차근 익혀가 주십시오. 그러나 때로는 한 단어가 여러 가지 품사로 쓰이는 경우도 있습니다.

　好 hǎo ⑲ 좋은 / 好 hǎo ㉮ 매우 / 好 hào ⑧ 좋아하다

❶ 주어 + 술어 (동사, 형용사, 명사)

동사술어문

李 老 师 来。
lǐ lǎo shī lái
리 라오 스 라이
(이 선생님이 옵니다.)

형용사술어문

他 工 作 忙。
tā gōng zuò máng
타 꿍 쭤 망
(그는 일이 바쁩니다.)

명사술어문

我 二 十 岁。
wǒ èr shí suì
워 얼 스 쑤이
(저는 20 살입니다.)

❷ 주어 + 동사 + 목적어

他 看 电 视。
tā kàn diàn shì / 타 칸 띠엔 쓰
(그는 TV 를 봅니다.)

❸ 부정의 표현

부정을 나타내는 부사 "不 bù"와 "没有 méiyǒu"는 동사, 형용사 앞에 와서 부정문을 만들지만,"没有 méiyǒu"는 해당되는 동작이나 변화가 이전에도 실현되지 않았었음을 나타낸다.

李 老 师 不 来。
lǐ lǎo shī bù lái / 리 라오 스 뿌 라이
(이 선생님은 오지 않습니다.)

他 工 作 不 忙。
tā gōng zuò bù máng / 타 꿍 쭤 뿌 망
(그는 일이 바쁘지 않습니다.)

我 没 有 结 婚。
wǒ méi yǒu jié hūn / 워 메이 여우 제 훈
(나는 결혼하지 않았습니다.)

❹ 의문의 표현

의문문에는 다음과 같은 5가지 유형이 있습니다.

1 당부 의문문 : 단순히 음조로 의문을 나타내거나, 문말에 어기조사 "吗 ma" "吧 ba" 등을 써서 표현하는 의문문

你 是 韩 国 人 吗？
nǐ shì hán guó rén ma
니 쓰 한 궈 런 마
(당신은 한국인입니까?)

你 身 体 好 吧？
nǐ shēn tǐ hǎo ba / 니 썬 티 하오 바
(건강하시죠?)

2 정반 의문문 : 술어의 긍정형과 부정형을 같이 써서 만드는 의문문

你 明 天 来 不 来？
nǐ míng tiān lái bù lái
니 밍 톈 라이 뿌 라이
(당신은 내일 옵니까?)

③ 선택 의문문 : "还是 háishi" 라는 접속성분을 써
서 두 개 혹은 그 이상의 항목 중에서 하나를 선
택시키는 의문문

他　是　教　师　还　是　学　生？
tā　shì　jiào　shī　hái　shì　xué　sheng
타　쓰　쨔오　스　하이　쓰　쉐　성
(그는 선생님입니까, 아니면 학생입니까?)

④ 의문사 의문문 : "谁 shéi, 什么 shénme, 怎么 zěnme"
등의 의문사에 의한 의문문

谁　是　老　师？
shéi　shì　lǎo　shī / 쉐이 쓰 라오 스
(누가 선생님입니까?)

李　老　师　什　么　时　候　来？
lǐ　lǎo　shī　shén　me　shí　hòu　lái
리　라오　스　선　머　스　허우　라이
(이 선생님은 언제 옵니까?)

⑤ 생략 의문문 : 어기사(語氣詞) "呢 ne" 를 뒤에
붙여서 '~ 는?' 이라고 묻는 의문문

我 喜 欢 饺 子, 你 呢 ?
wǒ xǐ huān jiǎo zi, nǐ ne
워 시 환 죠우 즈, 니 너
(나는 만두를 좋아합니다, 당신은요?)

❺ **완료, 진행, 동작이나 상태의 지속, 경험, 미래의 표현**

① 동작의 완료 (~ 했다) - 동사 + "了"

他 来 了。
tā lái le / 타 라이 러
(그는 왔습니다.)

② 동작의 진행 (~ 하고 있는 중) - "在" + 동사

我 在 吃 饭。
wǒ zài chī fàn / 워 짜이 츠 훠안
(나는 식사중입니다.)

③ 동작이나 상태의 지속(~하고 있다) - 동사 + "着"

她 穿 着 毛 衣。
tā chuān zhe máo yī / 타 촨 저 모우 이
(그녀는 스웨터를 입고 있습니다.)

④ 동작의 경험(~한 적이 있다) - 동사 + "过"

我 见 过 他。
wǒ jiàn guò tā / 워 찌옌 꿔 타
(나는 그를 만난 적이 있습니다.)

⑤ 동작의 미래(~할 것이다) - "会" + 동사 + "了"

他 明 天 会 来。
tā míng tiān huì lái / 타 밍 톈 후이 라이
(그는 내일 올 것입니다.)

2장

기본단어

我	wǒ / 워	나
你	nǐ / 니	너
您	ní / 닌	당신
他	tā / 타	그
她	tā / 타	그녀
他们	tāmen / 타 먼	그들
我们	wǒmen / 워 먼	우리들
你们	nǐmen / 니 먼	너희
谁	shéi / 쉐이	누구
各位	gèwèi / 꺼 우이	여러분

哪位	nǎwèi / 나 우이	어느 분
这位	zhèwèi / 쩌 우이	이분
那位	nàwèi / 나 우이	저분
夫人	fūren / 후 런	부인
女士	nǚshì / 뉘 쓰	여자 (여자의 경칭)
小姐	xiǎojie / 샤오 제	아가씨
大家	dàjiā / 따 쟈	모두
大人	dàrén / 따 런	어르신
老师	lǎoshī / 라오 쓰	선생님
先生	xiānsheng / 씨옌 성	선생 (남성의 경칭)

爸爸	bàba / 빠 바	아빠
妈妈	māma / 마 마	엄마
父母	fùmǔ / 후 무	부모
父亲	fùqin / 후 친	부친
母亲	mǔqin / 무 친	모친
弟弟	dìdi / 띠 디	남동생
妹妹	mèimei / 메이 메이	여동생
哥哥	gēge / 꺼 거	오빠, 형
姐姐	jiějie / 제 제	언니, 누나
兄弟	xiōngdì / 쓩 띠	형제

姐妹	jiěmèi / 제 메이	자매
爷爷	yéye / 예 예	할아버지
奶奶	nǎinai / 나이 나이	할머니
外公	wàigōng / 와이 꿍	외할아버지
外婆	wàipó / 와이 풔	외할머니
孙子	sūnzi / 쑨 즈	손자
丈夫(爱人)	zhàngfu(àiren) / 짱 후 (아이 런)	남편
妻子(爱人)	qīzi(àiren) / 치 즈 (아이 런)	부인
儿子	érzi / 얼 즈	아들
女儿	nǚ'ér / 뉘 얼	딸

3. 사람의 호칭

人	rén / 런	사람
人们	rénmen / 런 먼	사람들
男子(男人)	nánzǐ (nánrén) / 난 즈 (난 런)	남자
女子(女人)	nǔzǐ (nǔrén) / 뉘 즈 (뉘 런)	여자
少年	shàonián / 싸오 녠	소년
青年	qīngnián / 칭 녠	청년
对象	duìxiàng / 뚜이 썅	결혼상대
姑娘	gūniang / 꾸 냥	처녀
朋友	péngyou / 펑 여우	친구
同学	tóngxué / 퉁 쉐	학우, 동창

老人	lǎoren / 라오 런	노인
男朋友	nánpéngyou / 난 펑 여우	남자친구
女朋友	nǚpéngyou / 뉘 펑 여우	여자친구
同事	tóngshì / 퉁 쓰	동료
客人	kèrén / 커 런	손님
成人	chéngrén / 청 런	성인
阿姨	āyí / 아-이	아줌마
叔叔	shūshu / 쑤 수	아저씨
邻居	línjū / 린 쥐	이웃
婴儿	yīng'ér / 잉 얼	갓난아이

你好(您好)	nǐhǎo(nínhǎo)/ 니 하오	안녕하세요
你们好	nǐmen hǎo / 니 먼 하오	안녕하세요
早上好	zǎoshang hǎo / 자오 쌍 하오	안녕하세요 (아침)
晚上好	wǎnshang hǎo / 완 쌍 하오	안녕하세요 (저녁)
谢谢	xièxie / 쎄 세	감사합니다
不谢	búxiè / 부 쎄	천만에요
初次见面	chūcì jiànmiàn / 추 츠 쩨엔 미엔	처음 뵙겠습니다
没关系(没事儿)	méi guānxi (méishìr) / 메이 관 시	괜찮습니다
好久不见	hǎojiǔ bújiàn / 하오 지우 부 쩨엔	오랜만입니다
麻烦您	máfan nín / 마 환 닌	번거롭게 하네요

请原谅	qǐng yuánliàng / 칭 위엔 량	용서해 주세요
请多指教	qǐngduō zhǐjiào / 칭 둬 즈 쨔오	잘 부탁합니다
再见	zàijiàn / 짜이 찌엔	안녕히 계세요
对不起	duìbuqǐ / 뚜이 부 치	미안합니다
劳驾	láojià / 라오 쨔	실례합니다
您贵姓?	nín guìxìng / 닌 꾸이 씽	이름이 뭐예요?
我姓 ~	wǒ xìng / 워 씽 ~	저는 ~
请慢走	qǐng mànzǒu / 칭 만 저우	안녕히 갸십시오
欢迎	huānyíng / 환 잉	환영합니다
辛苦了	xīnkǔ le / 신 쿠 러	수고하셨습니다

满意	mǎnyì / 만 이	만족하다
不满意	bùmǎnyì / 뿌 만 이	불만족하다
高兴	gāoxìng / 까오 씽	기쁘다
有意思	yǒuyìsi / 여우 이 스	재미있다
没有意思	méiyǒuyìsi / 메이 여우 이 스	재미없다
兴奋	xīngfèn / 씽 훤	흥분하다
悲伤	bēishāng / 뻬이 쌍	슬프다
愉快	yúkuài / 위 콰이	즐겁다
喜欢	xǐhuan / 시 환	좋아하다
讨厌	tǎoyàn / 타우 옌	싫어하다

快乐	kuàilè / 콰이 러	유쾌하다
幸福	xìngfú / 씽 후	행복하다
可怕	kěpà / 커 파	무섭다
吃力	chīlì / 츠 리	힘들다
厌烦	yànfán / 옌 훠안	귀찮다
可怜	kělián / 커 리엔	불쌍하다
害羞	hàixiū / 하이 씨유	부끄럽다
遗憾	yíhàn / 이 한	유감이다
可爱	kěài / 커 아이	귀엽다
舒服	shūfu / 쑤 후	편안하다

欢喜	huānxǐ / 환 시	기뻐하다
生气	shēngqì / 썽 치	화내다
为难	wéinán / 우이 난	난처하다
后悔	hòuhuǐ / 허우 후이	후회하다
希望	xīwàng / 씨 왕	희망하다
哭	kū / 쿠	울다
笑	xiào / 쑈우	웃다
吃惊	chījīng / 츠 징	깜짝 놀라다
忍耐	rěnnài / 런 나이	인내하다
知道	zhīdao / 즈 따오	알다

明白	míngbai / 밍 바이	명백하다
忘了	wàngle / 왕 러	잊다
记住	jìzhu / 찌 주	기억하다
想	xiǎng / 샹	생각하다
慌张	huāngzhāng / 황 장	당황하다
着急	zháojí / 자오 지	조급하다
相信	xiāngxìn / 샹 씬	믿다
注意	zhùyì / 쭈 이	주의하다
怀疑	huáiyí / 화이 이	의심하다
害怕	hàipà / 하이 파	무섭다

误会	wùhuì / 우 후이	오해하다
失望	shīwàng / 쓰 왕	실망하다
感谢	gǎnxiè / 간 쎄	감사하다
感动	gǎndòng / 간 뚱	감동하다
不安	bù'ān / 뿌 안	불안하다
担心	dānxīn / 딴 신	걱정하다
期待	qīdài / 치 따이	기대하다
感兴趣	gǎn xìngqù / 간 씽 취	흥미를 갖다
照顾	zhàogù / 짜오 꾸	돌봐 주다
紧张	jǐnzhāng / 진 짱	긴장하다

反省	fǎnxǐng / 훤안 싱	반성하다
同情	tóngqíng / 퉁 칭	동정하다
同意	tóngyì / 퉁 이	동의하다
尊敬	zūnjìng / 준 찡	존경하다
安心 (放心)	ānxīn (fàngxīn) / 안 신 (황 신)	안심하다
赞成	zànchéng / 짠 청	찬성하다
反对	fǎnduì / 훤안 뚜이	반대하다
忧郁	yōuyù / 여우 위	주저하다
满足 (满意)	mǎnzú (mǎnyì) / 만 주 (만 이)	만족하다
苦闷 (烦恼)	kǔmèn (fánnǎo) / 쿠 먼 (환 나오)	고민하다

电话	diànhuà / 띠엔 화	전화
市内电话	shìnèi diànhuà / 쓰 네이 띠엔 화	시내전화
长途电话	chángtú diànhuà / 창 투 띠엔 화	장거리전화
国际电话	guójì diànhuà / 궈 찌 띠엔 화	국제전화
占线	zhànxiàn / 짠 씨옌	통화중
电话号码	diànhuà hàomǎ / 띠엔 화 하오 마	전화번호
公用电话	gōngyòng diànhuà / 꿍 융 띠엔 화	공중전화
手机	shǒujī / 서우 지	핸드폰
电话卡	diànhuàkǎ / 띠엔 화 카	전화카드
外线	wàixiàn / 와이 씨옌	외선

内线	nèixiàn / 네이 씨옌	내선
话筒	huàtǒng / 화 퉁	수화기
喂	wéi / 웨이	여보세요
重新打	chóngxīndǎ / 충 씬 다	다시 거세요
打错	dǎ cuò / 다 춰	잘못 거셨어요
电话机	diànhuàjī / 띠옌 화 찌	전화기
电信局	diànxìnjú / 띠옌 씬 쥐	전화국
电话簿	diànhuàbù / 띠옌 화 뿌	전화번호부
打电话	dǎ diànhuà / 다 띠옌 화	전화를 걸다
接电话	jiē diànhuà / 제 띠옌 화	전화를 받다

起床	qǐchuáng / 치 촹	일어나다
刷牙	shuāyá / 쏴 야	양치질하다
洗脸	xǐliǎn / 시 리옌	세수하다
穿衣服	chuānyīfu / 촨 이 후	옷을 입다
梳头	shūtóu / 쑤 터우	머리를 빗다
去厕所	qùcèsuǒ / 취 처 숴	화장실에 가다
上班	shàngbān / 쌍 반	출근하다
下班	xiàbān / 씨아 반	퇴근하다
上学	shàngxué / 쌍 쉐	등교하다
学习	xuéxí / 쉐 시	공부하다

干活(儿)	gànhuó(r) / 깐 훠얼	일하다
早饭	zǎofàn / 자오 훠안	아침식사
午饭	wǔfàn / 우 훠안	점심식사
晚饭	wǎnfàn / 완 훠안	저녁식사
买东西	mǎi dōngxi / 마이 뚱 시	물건을 사다
打工	dǎgōng / 다 꿍	아르바이트하다
洗澡	xǐzǎo / 시 자오	샤워하다
看报	kàn bào / 칸 빠오	신문을 읽다
看电视	kàn diànshì / 칸 띠옌 쓰	TV를 보다
睡觉	shuìjiào / 쑤이 쨔오	잠을 자다

10. 의문사

什么	shénme / 선 머	무엇입니까?
哪儿	nǎr / 나 알	어디입니까?
谁	shuí / 쉐이	누구세요?
怎么样	zénmeyàng / 전 머 양	어때요?
多少	duōshǎo / 둬 사오	얼마입니까?
多大岁数	duōdà suìshu / 둬 따 쑤이 수	몇 살이에요?
哪个	nǎge / 나 꺼	어느 것입니까?
哪位	nǎwèi / 나 웨이	어느 분입니까?
几点	jǐdiǎn / 지 디옌	몇 시입니까?
请慢慢说	qǐng mànmàn shuō / 칭 만 만 쒀	천천히 말씀하세요

请再说一遍	qǐng zài shuō yíbiàn / 칭짜이쒀이삐옌	다시 말해 주세요
请用一下	qǐngyòngyíxià / 칭융이 씨야	한번 사용해 보세요
知道了	zhīdàole / 쯔 따오 러	알겠습니다
好的	hǎode / 하오 더	좋습니다
不行	bù xíng / 뿌 싱	안 됩니다
不知道	bù zhīdào / 뿌 쯔 따오	모릅니다
没时间	méi shíjiān / 메이 스 지옌	시간이 없습니다
替我去一趟	tìwǒqùyítàng / 티 워 취 이 탕	저 대신 가 주세요
借点儿钱好吗	jièdiǎn(r)qiánhǎomā / 쩨댈쳘하오마	돈 좀 빌려 주실래요

3장

필수단어

11. 날짜

今天	jīntiān / 찐 티옌	오늘
明天	míngtiān / 밍 티옌	내일
昨天	zuótiān / 쮀 티옌	어제
后天	hòutiān / 허우 티옌	모레
每天	měitiān / 메이 티옌	매일
本周	běnzhōu / 번 저우	이번 주
下周	xiàzhōu / 씨야 저우	다음 주
上周	shàngzhōu / 쌍 저우	지난 주
周	zhōu / 저우	주
一号	yīhào / 이 하오	1일

日期	rìqī / 을 치	날짜
几天	jǐtiān / 지 티옌	며칠
周末	zhōumò / 쩌우 뭐	주말
星期一	xīngqīyī / 싱 치 이	월요일
星期二	xīngqīèr / 싱 치 얼	화요일
星期三	xīngqīsān / 싱 치 싼	수요일
星期四	xīngqīsì / 싱 치 쓰	목요일
星期五	xīngqīwǔ / 싱 치 우	금요일
星期六	xīngqīliù / 싱 치 리유	토요일
星期日 (天)	xīngqīrì (tiān) / 싱 치 을 (티옌)	일요일

季节	jìjié / 찌 제	계절
四季	sìjì / 쓰 찌	사계절
春天	chūntiān / 춘 티옌	봄
夏天	xiàtiān / 씨야 티옌	여름
秋天	qiūtiān / 치우 티옌	가을
冬天	dōngtiān / 뚱 티옌	겨울
年	nián / 니옌	년
月	yuè / 웨	월
一月	yīyuè / 이 웨	1월
二月	èryuè / 얼 웨	2월

三月	sānyuè / 싼 웨	3월
四月	sìyuè / 쓰 웨	4월
五月	wǔyuè / 우 웨	5월
六月	liùyuè / 리유 웨	6월
七月	qīyuè / 치 웨	7월
八月	bāyuè / 빠 웨	8월
九月	jiǔyuè / 지우 웨	9월
十月	shíyuè / 스 웨	10월
十一月	shíyīyuè / 스 이 웨	11월
十二月	shí'èryuè / 스 얼 웨	12월

东	dōng / 뚱	동
西	xī / 시	서
南	nán / 난	남
北	běi / 베이	북
内	nèi / 네이	안
外	wài / 와이	밖
上	shàng / 쌍	위
下	xià / 씨야	아래
旁边	pángbiān / 팡 비옌	옆
对面	duìmiàn / 뚜이 미옌	맞은편

左	zuǒ / 쭤	좌
右	yòu / 여우	우
前	qián / 치옌	전
后	hòu / 허우	후
方向	fāngxiàng / 훠앙 쌍	방향
纵	zòng / 쫑	세로
横	héng / 헝	가로
左边	zuǒbian / 쭤 비옌	왼쪽
右边	yòubian / 여우 비옌	오른쪽
中间	zhōngjiān / 쭝 지옌	중간

14. 단위

毫米	háomǐ / 하오 미	센티미터
厘米	límǐ / 리 미	밀리미터
米	mǐ / 미	미터
公里	gōnglǐ / 꿍 리	킬로미터
平方米	píngfāngmǐ / 핑 훠앙 미	평방미터
克	kè / 커	그램
公斤	gōngjīn / 꿍 진	킬로그램
一两	yìliǎng / 이 량	한 량
斤	jīn / 찐	근
吨	dūn / 뚠	톤

面积	miànjī / 미옌 지	면적
重量	zhòngliàng / 쭝 량	중량
长度	chángdù / 창 뚜	길이
高度	gāodù / 까오 뚜	고도
深度	shēndù / 썬 뚜	깊이
大小	dàxiǎo / 따 샤오	크기
毫升	háoshēng / 하오 썽	리터
寸	cùn / 춘	치
尺	chǐ / 츠	자
丈	zhàng / 짱	장

15. 순서

顺序	shùnxù / 쑨 쒸	순서
最前面	zuìqiánmian / 쭈이 치옌 미옌	맨앞
最后面	zuìhòumian / 쭈이 허우 미옌	맨뒤
最上面	zuìshàngmian / 쭈이 쌍 미옌	맨위
最下面	zuìxiàmian / 쭈이 샤 미옌	맨아래
最高	zuìgāo / 쭈이 까오	최고
最低	zuìdī / 쭈이 디	최저
最初	zuìchū / 쭈이 추	최초
最后	zuìhòu / 쭈이 허우	최후
最先	zuìxiān / 쭈이 시옌	최선

冠军	guànjūn / 꾸안 쥔	우승
亚军	yàjūn / 야 쥔	준우승
最多	zuìduō / 쭈이 둬	최대
最少	zuìshǎo / 쭈이 소우	최소
首先	shǒuxiān / 서우 시옌	우선
次	cì / 츠	번
再次	zàicì / 짜이 츠	다음 번
一流	yīliú / 이 리유	일류
二流	èrliú / 얼 리유	이류
三流	sānliú / 싼 리유	삼류

白色	báisè / 바이 써	흰색
黑色	hēisè / 헤이 써	검정
黄色	huángsè / 황 써	노랑
蓝色	lánsè / 란 써	파랑
红色	hóngsè / 훙 써	빨강
绿色	lǜsè / 뤼 써	녹색
紫色	zǐsè / 즈 써	자주
粉红色	fěnhóngsè / 풘 훙 써	분홍
灰色	huīsè / 후이 써	회색
青色	qīngsè / 칭 써	청색

彩色	cǎisè / 차이 써	채색
原色	yuánsè / 위엔 써	원색
草绿色	cǎolǜsè / 초우 뤼 써	초록색
天蓝色	tiānlánsè / 티엔 란 써	하늘색
透明	tòumíng / 터우 밍	투명
咖啡色	kāfēisè / 카 훼이 써	갈색
银色	yínsè / 인 써	은색
金色	jīnsè / 찐 써	금색
军绿色	jūnlǜsè / 쥔 뤼 써	카키색
橙色	chéngsè / 청 써	오렌지색

17. 형태, 크기, 질량

圆形	yuánxíng / 위옌 싱	원형
三角形	sānjiǎoxíng / 싼 죠우 싱	삼각형
正方形	zhèngfāngxíng / 쩡 훵앙 싱	정방형
椭圆形	tuǒyuánxíng / 퉈 위옌 싱	타원형
五角形	wǔjiǎoxíng / 우 죠우 싱	오각형
球形	qiúxíng / 치우 싱	구형
厚	hòu / 허우	두껍다
薄	báo / 보우	얇다
轻	qīng / 칭	가볍다
重	zhòng / 쭝	무겁다

大	dà / 따	대
小	xiǎo / 쇼우	소
长	cháng / 창	장
短	duǎn / 똰	단
点	diǎn / 디옌	점
线	xiàn / 씨옌	선
细	xì / 씨	가늘다
粗	cū / 추	굵다
窄	zhǎi / 자이	좁다
宽	kuān / 콴	넓다

18. 화폐

货币	huòbì / 훠 삐	화폐
硬币	yìngbì / 잉 삐	동전
纸币	zhǐbì / 즈 삐	지폐
零钱	língqián / 링 치옌	잔돈
钱包	qiánbāo / 치옌 뽀우	지갑
元	yuán / 위엔	원
块	kuài / 콰이	원 (구어)
角	jiǎo / 죠우	각
毛	máo / 모우	각 (구어)
分	fēn / 풘	전

人民币	rénmínbì / 런 민 삐	인민폐
韩币	hánbì / 한 삐	한국 원화
日元 , 日币	rìyuán,rìbì / 을 위엔, 을 삐	엔
美元	měiyuán / 메이 위엔	달러
港币	gǎngbì / 강 삐	홍콩달러
欧元	ōuyuán / 어우 위엔	유로화
汇票	huìpiào / 후이 퍄오	환어음
现金	xiànjīn / 씨옌 찐	현금
信用卡	xìnyòngkǎ / 씬 융 카	신용카드
外币	wàibì / 와이 삐	외환

中国	Zhōngguó / 쭝 궈	중국
首都	shǒudū / 서우 두	수도
国家	guójiā / 궈 쟈	국가
北京	Běijīng / 베이 징	북경
香港	Xiānggǎng / 썅 강	홍콩
台湾	Táiwān / 타이 완	대만
台北	Táiběi / 타이 베이	타이 베이
韩国	Hánguó / 한 궈	한국
汉城	Hànchéng / 한 청	서울
日本	Rìběn / 을 번	일본

东京	Dōngjīng / 뚱 징	동경
美国	Měiguó / 메이 궈	미국
华盛顿	Huáshèngdùn / 화 썽 뚠	워싱턴
英国	Yīngguó / 잉 궈	영국
伦敦	Lúndūn / 룬 둔	런던
法国	Fǎguó / 훠아 궈	프랑스
巴黎	Bālí / 빠 리	파리
澳大利亚	Àodàlìyà / 아오 따 리 야	오스트레일리아
莫斯科	Mòsīkē / 뭐 스 커	모스크바
意大利	Yìdàlì / 이 따 리	이탈리아

20. 신체

身体	shēntǐ / 썬 티	신체
脸	liǎn / 리옌	얼굴
胳膊	gēbo / 거 붜	팔
肚子	dùzi / 뚜 즈	배
嘴	zuǐ / 주이	입
头	tóu / 터우	머리
鼻子	bízi / 비 즈	코
眼睛	yǎnjing / 옌 징	눈
胸脯	xiōngpú / 쑹 푸	가슴
耳朵	ěrduo / 얼 둬	귀

手	shǒu / 서우	손
脚	jiǎo / 죠우	발
腿	tuǐ / 투이	다리
脖子	bózi / 붜 즈	목
肩膀	jiānbǎng / 찌옌 방	어깨
背	bèi / 뻬이	등
心脏	xīnzàng / 씬 짱	신장
肺	fèi / 훼이	폐
脑子	nǎozi / 나오 즈	머리
腰	yāo / 야오	허리

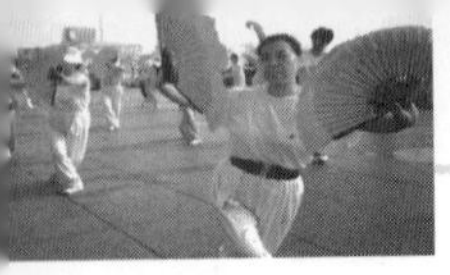

21. 신체동작

眼泪	yǎnlèi / 옌 레이	눈물
汗	hàn / 한	땀
小便	xiǎobiàn / 쇼우 삐옌	소변
大便	dàbiàn / 따 삐엔	대변
咳嗽	késou / 커 쉬	기침하다
口水	kǒushuǐ / 커우 수이	군침
打哈欠	dǎhāqian / 다 하 치옌	하품하다
恶心	ěxīn / 어 신	메스껍다
血液	xuèyè / 쒜 예	혈액
消化	xiāohuà / 쇼우 화	소화

呼吸	hūxī / 후 시	호흡하다
打嗝儿	dǎgěr / 다 거 얼	딸꾹질하다
唾沫	tuòmo / 퉈 뭐	침
鼻涕	bítì / 비 티	콧물
血小板	xuèxiǎobǎn / 쒜 샤오 반	혈소판
雀斑	quèbān / 췌 빤	주근깨
酒窝	jiǔwō / 지유 워	보조개
痰	tán / 탄	가래
血	xuè / 쒜	피
粉刺	fěncì / 훤 츠	여드름

22. 시간

早晨	zǎochén / 자오 천	아침
白天	báitiān / 바이 티옌	낮
傍晚	bàngwǎn / 빵 완	저녁 무렵
夜晚	yèwǎn / 예 완	한밤중
半夜	bànyè / 빤 예	심야
上午	shàngwǔ / 쌍 우	오전
中午	zhōngwǔ / 쭝 우	정오
下午	xiàwǔ / 씨야 우	오후
一个小时	yígexiǎoshí / 이 꺼 샤오 스	한 시간
一天	yìtiān / 이 티옌	하루

秒	miǎo / 먀오	초
分	fēn / 훤	분
时间	shíjiān / 스 지옌	시간
时刻	shíkè / 스 커	시각
最近	zuìjìn / 쭈이 찐	최근
过去	guòqù / 꿔 취	과거
现在	xiànzài / 시엔 짜이	현재
将来	jiānglái / 쨩 라이	미래
以后	yǐhòu / 이 허우	이후
以前	yǐqián / 이 치옌	이전

4장

행동과 취미

街道	jiēdào / 제 따오	거리
大路	dàlù / 따 루	대로
胡同	hútòng / 후 퉁	골목
地下道	dìxiàdào / 띠 씨야 따오	지하도
门牌	ménpái / 먼 파이	(주택의) 번지
人行道	rénxíngdào / 런 싱 따오	인도
繁华街	fánhuájiē / 휀안 화 제	번화가
住宅区	zhùzháiqū / 쭈 자이 취	주택가
公园	gōngyuán / 꿍 위엔	공원
信号灯(红绿灯)	xìnhàodēng(hónglǜdēng) / 씬 호우 떵	신호등

桥	qiáo / 챠오	다리
公共厕所	gōnggòngcèsuǒ / 꿍 꿍 처 숴	공중 화장실
路标	lùbiāo / 루 뺘오	도로 표지판
十字路口	shízìlùkǒu / 스 쯔 루 커우	사거리
丁字路口	dǐngzìlùkǒu / 띵 쯔 루 커우	삼거리
天桥	tiānqiáo / 티옌 챠오	육교
车站	chēzhàn / 처 짠	정류장
商店	shāngdiàn / 쌍 띠옌	상점
路灯	lùdēng / 루 떵	가로등
路口	lùkǒu / 루 커우	길목

24. 차를 타다

轿车	jiaòchē / 쨔오 처	승용차
出租汽车	chūzūqìchē / 추 주 치 처	택시
公共汽车	gōnggòngqìchē / 꿍 꿍 치 처	버스
摩托车	mótuōchē / 뭐 퉈 처	오토바이
自行车	zìxíngchē / 쯔 싱 처	자전거
吉普车	jǐpǔchē / 지 프 처	지프차
停车场	tíngchēchǎng / 팅 처 창	정거장
驾驶证	jiàshǐzhèng / 쨔 스 쩡	운전면허증
司机	sījī / 쓰 지	운전기사
赛车	sàichē / 싸이 처	정체

马路	mǎlù / 마 루	대로, 큰길
开车	kāichē / 카이 처	운전하다
往左拐	wǎng zuǒ guǎi / 왕 쭤 과이	좌회전하다
往右拐	wǎng yòu guǎi / 왕 여우 과이	우회전하다
超速	chāosù / 초우 쑤	과속하다
加油站	jiāyóuzhàn / 쨔 여우 짠	주유소
高速公路	gāoshùgōnglù / 꼬우 쑤 꿍 루	고속도로
安全带	ānquándài / 안 취엔 따이	안전벨트
前进	qiánjìn / 치엔 찐	전진하다
倒车	dàochē / 따오 처	후진하다

25. 기차

电车	diànchē / 띠엔 처	전차
地铁	dìtiě / 띠 티에	지하철
车站	chēzhàn / 처 짠	역
慢车	mànchē / 만 처	보통열차
快车	kuàichē / 콰이 처	급행열차
餐车	cānchē / 찬 처	식당차
卧铺车	wòpùchē / 워 푸 처	침대차
剪票口	jiǎnpiàokǒu / 지엔 표우 커우	개찰구
侯车室	hòuchēshì / 허우 처 쓰	대합실
售票处	shòupiàochù / 써우 표우 추	매표소

车票	chēpiào / 처 표우	차표
票价	piàojià / 표우 쨔	운임
往返票	wǎngfǎnpiào / 왕 풔안 표우	왕복권
单程票	dānchéngpiào / 딴 청 표우	편도권
到达	dàodá / 따오 다	도착
出发	chūfā / 추 풔아	출발
终点站	zhòngdiǎnzhàn / 쭝 디엔 짠	종착역
查票	chápiào / 차 표우	검표
乘务员	chéngwùyuán / 청 우 위엔	승무원
车辆	chēliàng / 처 량	차량

26. 택시, 버스

公共汽车	gōnggòng qìchē / 꿍꿍치처	버스
市内汽车	shìnèiqìchē / 쓰 네이 치 처	시내버스
长途汽车	chángtúqìchē / 창 투 치 처	시외버스
旅游车	lǚyóuchē / 뤼 여우 처	관광버스
面包车	miànbāochē / 미옌 뿌우 처	미니버스
出租汽车	chūzū qìchē / 추 주 치 처	택시
司机	sījī / 쓰 지	기사
汽车站	qìchēzhàn / 치 처 짠	버스역
头班车	tóubānchē / 터우 빤 처	첫차
末班车	mòbānchē / 뭐 빤 처	막차

晕车	yùnchē / 윈 처	차멀미
晚点	wǎndiǎn / 완 디엔	연착하다
下车	xiàchē / 샤 처	하차
停车	tíngchē / 팅 처	정차
乘车	chéngchē / 청 처	승차
地图	dìtú / 띠 투	지도
打的	dǎdī / 다 디	택시를 잡다
月票	yuèpiào / 웨 표우	월정 정기권
换车	huànchē / 훠안 처	환승
询问处	xúnwènchù / 쉰 원 추	안내소

飞机	fēijī / 훼이 지	비행기
飞机场	fēijīchǎng / 훼이 지 창	비행장
国内线	guónèixiàn / 궈 네이 씨옌	국내선
国际线	guójìxiàn / 궈 찌 씨옌	국제선
飞机票	fēijīpiào / 훼이 지 표우	비행기표
预订	yùdìng / 위 띵	예약하다
入境	rùjìng / 루 찡	입국
出境	chūjìng / 추 찡	출국
起飞	qǐfēi / 치 훼이	이륙
着陆	zhuólù / 쥐 루	착륙

海关	hǎiguān / 하이 꾸안	세관
头等舱	tóuděngcāng / 터우 덩 창	일등석
座位	zuòwèi / 쭤 우이	좌석
驾驶员	jiàshǐyuán / 쨔 스 위엔	조종사
安全门	ānquánmén / 안 취엔 먼	비상구
时差	shíchā / 스 차	시차
班机	bānjī / 빤 지	항공편
检疫	jiǎnyì / 지엔 이	검역
空中小姐	kōngzhōngxiǎojiě / 쿵 중 샤오 제	스튜어디스
航线	hángxiàn / 항 씨엔	항로

28. 호텔

宾馆	bīnguǎn / 삔 관	호텔
旅馆	lǚguǎn / 뤼 관	여관
预订	yùdìng / 위 띵	예약하다
钥匙	yàoshi / 야오 스	열쇠
房间	fángjiān / 훠앙 지옌	룸
服务项目	fúwùxiàngmù / 후 우 쌍 무	서비스 항목
服务台	fúwùtái / 후 우 타이	프런트
浴室	yùshì / 위 쓰	욕실
房费	fángfèi / 훠앙 훼이	객실 요금
接待室	jiēdàishì / 제 따이 쓰	응접실

大厅	dàtīng / 따 띵	로비
登记	dēngjì / 떵 찌	체크인
退房	tuìfáng / 투이 후앙	체크아웃
住宿卡	zhùsùkǎ / 쭈 쑤 카	숙박계
单间	dānjiān / 딴 지옌	싱글룸
双人间	shuāngrénjiān / 쑤앙 런 지옌	트윈룸
签名	qiānmíng / 치옌 밍	싸인하다
接待员	jiēdàiyuán / 제 따이 위엔	벨보이
叫醒	jiàoxǐng / 쨔오 싱	모닝콜
小费	xiǎofèi / 샤오 훼이	팁

银行	yínháng / 인 항	은행
账号	zhànghào / 짱 하오	계좌번호
余款	yúkuǎn / 위 콴	예금 잔고
信用卡	xìnyòngkǎ / 씬 융 카	신용카드
存折	cúnzhé / 춘 저	통장
存款	cúnkuǎn / 춘 콴	예금
汇款	huìkuǎn / 후이 콴	송금
外汇	wàihuì / 와이 후이	외화
提款	tíkuǎn / 티 콴	예금을 찾다
利息	lìxī / 리 시	이자

图章	túzhāng / 투 장	도장
兑换	duìhuàn / 뚜이 환	현금으로 바꾸다
汇率	huìlǜ / 후이 뤼	환율
换钱	huànqián / 후안 치옌	환전
现金	xiànjīn / 씨옌 찐	현금
旅行支票	lǚxíng zhīpiào / 뤼 싱 즈 표우	여행자 수표
开证银行	kāizhèng yínháng / 카이 쩡 인항	신용장 개설 은행
户头	hùtóu / 후 터우	구좌
签名	qiānmíng / 치옌 밍	서명
手续费	shǒuxùfèi / 서우 쒸 훼이	수수료

邮局	yóujú / 여우 쥐	우체국
信	xìn / 씬	편지
邮费	yóufèi / 여우 훼이	우편요금
邮票	yóupiào / 여우 퍄오	우표
信纸	xìnzhǐ / 씬 즈	편지지
包裹	bāoguǒ / 빠오 궈	소포
快件	kuàijiàn / 콰이 찌옌	속달
慢件	mànjiàn / 만 찌옌	보통우편
邮政编码	yóuzhèngbiānmǎ / 여우 쩽 삐옌 마	우편번호
邮筒	yóutǒng / 여우 퉁	우체통

航空信	hángkōngxìn / 항 쿵 씬	항공편지
平信	píngxìn / 핑 씬	일반편지
信封	xìnfēng / 씬 훵	편지봉투
挂号	guàhào / 꽈 하오	등기
邮汇	yóuhuì / 여우 후이	우편환
邮递员	yóudìyuán / 여우 띠 위엔	우편배달부
地址	dìzhǐ / 띠 즈	주소
明信片	míngxìnpiàn / 밍 씬 피옌	엽서
挂号邮件	guàhàoyóujiàn / 꽈 하오 여우 찌옌	등기우편
收件人	shōujiànrén / 써우 찌옌 런	수취인

31. 쇼핑

百货商店	bǎihuòshāngdiàn / 바이훠 쌍띠옌	백화점
超市	chāoshì / 차오 쓰	수퍼마켓
市场	shìchǎng / 쓰 창	시장
售货员	shòuhuòyuán / 써우 훠 위옌	점원
价格	jiàgé / 쨔 거	가격
折扣	zhékòu / 저 커우	할인
找钱	zhǎoqián / 자오 치옌	거스름돈
买	mǎi / 마이	사다
卖	mài / 마이	팔다
贵	guì / 꾸이	비싸다

便宜	piányi / 피옌 이	싸다
挑选	tiāoxuǎn / 탸오 쉬옌	고르다
试穿	shìchuān / 쓰 촨	입어 보다
顾客	gùkè / 꾸 커	손님
让价	ràngjià / 랑 쨔	값을 깎다
付钱	fùqián / 후 치옌	지불하다
常客	chángkè / 창 커	단골손님
包装	bāozhuāng / 뽀우 쫘앙	포장하다
样品	yàngpǐn / 양 핀	샘플
名牌产品	míngpáichǎnpǐn / 밍파이 찬핀	브랜드

旅行(旅游)	lǚxíng (lǚyóu) / 뤼 싱 (뤼 여우)	여행
旅行社	lǚxíngshè / 뤼 싱 써	여행사
国外	guówài / 궈 와이	외국
国内	guónèi / 궈 네이	국내
团体	tuántǐ / 퇀 티	단체
观光	guānguāng / 관 광	관광
护照	hùzhào / 후 쯔우	여권
签证	qiānzhèng / 치옌 쩡	비자
保险	bǎoxiǎn / 바오 시옌	보험
信用卡	xìnyòngkǎ / 씬 융 카	신용카드

日程	rìchéng / 을 청	(관광) 일정
导游	dǎoyóu / 다오 여우	가이드
手提箱	shǒutíxiāng / 서우 티 썅	여행가방
旅游车(游览车)	lǚyóuchē(yóulǎnchē) / 뤼 여우 처	관광버스
一日游	yírìyóu / 이 을 여우	1일 관광
旅游指南	lǚyóuzhǐnán / 뤼 여우 즈 난	여행 안내 책자
行李	xíngli / 싱 리	수하물
名胜古迹	míngshēnggǔjì / 밍 썽 구 찌	명승고적
路线	lùxiàn / 루 씨옌	코스
蜜月	mìyuè / 미 웨	신혼여행

趣味(嗜好)	qùwèi (shìhào) / 취 웨이 (쓰 호오)	취미
兴趣	xìngqù / 씽 취	흥미
下棋	xiàqí / 씨야 치	장기를 두다
围棋	wéiqí / 웨이 치	바둑
钓鱼	diàoyú / 띠오 위	낚시
登山(爬山)	dēngshān (páshān) / 떵 싼 (파 싼)	등산
台球	táiqiú / 타이 치우	포켓볼
赛马	sàimǎ / 싸이 마	경마
手工艺	shǒugōngyì / 서우 꿍 이	수예
盆景	péngǐng / 펀 징	분재

读书	dúshū / 두 쑤	독서
集邮	jíyóu / 지 여우	우표수집
书法	shūfǎ / 쑤 훠아	서예
欣赏音乐	xīnshǎng yīnyuè / 씬 상 인 웨	음악감상
画画	huàhuà / 화 화	회화
潜水	qiánshuǐ / 치옌 수이	다이빙
保龄球	bǎolíngqiú / 바오 링 치우	볼링
高儿夫球	gāo'erfūqiú / 까오 얼 후 치우	골프
扑克	pūkè / 푸 커	카드
插花	chāhuā / 차 화	꽃꽂이

跳舞	tiàowǔ / 탸오 우	춤을 추다
卡拉OK	kǎlāōukèi / 카 라 오 케이	가라오케
麻将	májiàng / 마 쨩	마장
观看比赛	guānkàn bǐsài / 관 칸 비 싸이	경기를 관람하다
芭蕾舞	bāléiwǔ / 빠 레이 우	발레
杂技	zájì / 자 찌	서커스
歌剧	gējù / 꺼 쮜	오페라
看电影	kàn diànyǐng / 칸 띠옌 잉	영화를 보다
拍电影	pāi diànyǐng / 파이 띠옌 잉	영화를 찍다
明星	míngxīng / 밍 싱	스타

选手	xuǎnshǒu / 쉔 서우	선수
游戏	yóuxì / 여우 씨	게임
赢	yíng / 잉	이기다
输	shū / 수	지다
足球	zúqiú / 주 치우	축구
棒球	bàngqiú / 빵 치우	야구
体操	tǐcāo / 티 차오	체조
漫画	mànhuà / 만 화	만화
动作片	dòngzuòpiān / 뚱 쭤 피옌	액션영화
照相	zhàoxiàng / 짜오 썅	사진을 찍다

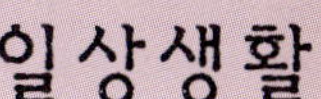

5장

일상생활

35. 의류

衣服	yīfu / 이 후	의복
西服	xīfú / 씨 후	신사복
女装	nǚzhuāng / 뉘 좡	숙녀복
童装	tóngzhuāng / 퉁 좡	아동복
裤子	kùzi / 쿠 즈	바지
内衣	nèiyī / 네이 이	속옷
袜子	wàzi / 와 즈	양말
背心	bèixīn / 뻬이 신	런닝
裤叉(儿)	kùchǎ(r) / 쿠 차알	팬티
衬衫	chènshān / 천 싼	와이셔츠

领带	lǐngdài / 링 따이	넥타이
裙子	qúnzi / 췬 즈	치마
T恤	tīxù / 티 쒸	티셔츠
游泳衣	yóuyǒngyī / 여우 융 이	수영복
工作服	gōngzuòfú / 꿍 쭤 후	작업복
雨衣	yǔyī / 위 이	비옷
运动服	yùndòngfú / 윈 뚱 후	운동복
短裤	duǎnkù / 똰 쿠	반바지
穿	chuān / 촨	(옷을) 입다
脱	tuō / 퉈	(옷을) 벗다

袖子	xiùzi / 씨유 즈	소매
扣子	kòuzi / 커우 즈	단추
兜(口袋)	dōu (kǒudài) / 떠우 (커우 따이)	호주머니
裤脚	kùjiǎo / 쿠 쟈오	바지의 단
腰带	yāodài / 야오 따이	벨트
拉链	lāliàn / 라 리옌	지퍼
腰围	yāowéi / 야오 웨이	허리둘레
胸围	xiōngwéi / 씨웅 웨이	가슴둘레
臀围	túnwéi / 툰 웨이	엉덩이둘레
领子	lǐngzi / 링 즈	옷깃

身长	shēncháng / 선 창	신장
裤线	kùxiàn / 쿠 씨옌	양복 바지의 주름
长袖	chángxiù / 창 시유	긴팔
短袖	duǎnxiù / 돤 시유	반팔
裙边	qúnbiān / 췬 비옌	치맛자락
裙褶	qúnzhě / 췬 저	스커트 주름
背带	bēidài / 뻬이 따이	멜빵
裤筒	kùtǒng / 쿠 퉁	바짓가랑이
尖领	jiānlǐng / 지옌 링	브이넥
圆领	yuánlǐng / 위옌 링	라운드넥

37. 신발

运动鞋	yùndòngxié / 윈 뚱 세	운동화
皮鞋	píxié / 피 세	구두
鞋子	xiézi / 세 즈	신발
雨靴	yǔxuē / 위 쉐	장화
高筒靴	gāotǒngxuē / 까오 퉁 세	롱부츠
高跟鞋	gāogēnxié / 까오 껀 세	하이힐
儿童鞋	értóngxié / 얼 퉁 세	아동화
拖鞋	tuōxié / 퉈 세	슬리퍼
球鞋	qiúxié / 치우 세	축구화 (스니커즈)
鞋油	xiéyóu / 세 여우	구두약

漆皮鞋	qīpíxié / 치 피 세	에나멜 구두
凉鞋	liángxié / 량 세	슬리퍼
鞋带	xiédài / 세 따이	구두끈
鞋套	xiétào / 세 타오	덧신
鞋底	xiédǐ / 세 디	구두창
钉鞋	dīngxié / 띵 세	스파이크 슈즈
冰鞋	bīngxié / 삥 세	스케이트
短靴	duǎnxuē / 돤 쉐	앵글 부츠
鞋拔子	xiébázi / 세 바 즈	구둣주걱
鞋铺	xiépù / 세 푸	구둣방

38. 화장 · 미용

化妆	huàzhuāng / 화 쨔앙	화장
化妆品	huàzhuāngpǐn / 화 쨔앙 핀	화장품
香水	xiāngshuǐ / 썅 수이	향수
粉底	fěndǐ / 훤 디	파운데이션
化妆水	huàzhuāngshuǐ / 화 쨔앙 수이	화장수
口红	kǒuhóng / 커우 훙	립스틱
眼影	yǎnyǐng / 옌 잉	아이 섀도
指甲油	zhǐjiǎyóu / 즈 쟈 여우	매니큐어
眉笔	méibǐ / 메이 비	아이브로우
雪花膏	xuěhuāgāo / 쉐 화 까오	배니싱 크림

美容室	měiróngshì / 메이 룽 쓰	미용실
洗发	xǐfà / 시 훠아	머리를 감다
剪发	jiǎnfà / 지옌 훠아	커트
烫发	tàngfà / 탕 훠아	파마
理发	lǐfà / 리 훠아	이발
按摩	ànmó / 안 뭐	안마
染发	rǎnfà / 란 훠아	염색
洗发精	xǐfàjīng / 시 훠아 징	샴푸
护发素	hùfàsù / 후 훠아 쑤	린스
发型	fàxíng / 훠아 싱	헤어스타일

装饰品	zhuāngshìpǐn / 쫘앙 쓰 핀	액세서리
戒指	jièzhi / 쩨 즈	반지
耳环	ěrhuán / 얼 환	귀걸이
手镯	shǒuzhuó / 서우 줘	팔찌
项链	xiàngliàn / 썅 리옌	목걸이
胸针	xiōngzhēn / 슝 쩐	브로치
围巾	wéijīn / 웨이 진	스카프
发夹	fàjiǎ / 훠아 쟈	머리핀
帽子	màozi / 마오 즈	모자
手提包	shǒutíbāo / 서우 티 빠오	핸드백

手表	shǒubiǎo / 서우 뺘오	시계
手套	shǒutào / 서우 타오	장갑
宝石	bǎoshí / 바오 스	보석
钻石	zuànshí / 쫘안 스	다이아몬드
白金	báijīn / 바이 찐	백금
黄金	huángjīn / 황 진	황금
银	yín / 인	은
象牙	xiàngyá / 썅 야	상아
珍珠	zhēnzhū / 쩐 주	진주
玉	yù / 위	옥

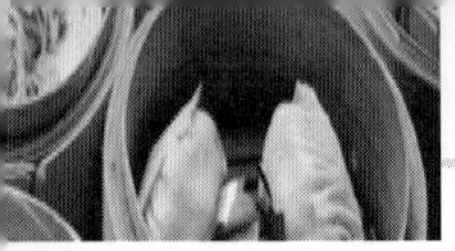

40. 맛

味道	wèidào / 웨이 따오	맛
好吃	hǎochī / 하오 츠	맛있다
不好吃	bù hǎochī / 뿌 하오 츠	맛없다
酸	suān / 쏸	신
甜	tián / 티옌	달다
苦	kǔ / 쿠	쓰다
辣	là / 라	매운
咸	xián / 시옌	짜다
淡	dàn / 딴	싱겁다
筋道	jīndao / 찐 다오	질기다

香	xiāng / 썅	향이 좋은
甜味	tiánwèi / 티옌 웨이	단맛
苦味	kǔwèi / 쿠 웨이	쓴맛
香味儿	xiāngwèi(r) / 썅 웨이	냄새가 좋다
软	ruǎn / 롼	연하다
不合口	bùhékǒu / 뿌허 커우 웨이	입맛에 맞지 않다
合口味	hékǒuwèi / 허 커우 웨이	입맛에 맞다
油腻	yóunì / 여우 니	기름기가 많다
清淡	qīngdàn / 칭 딴	담백하다
发腥	fāxīng / 훠아 씽	비린내나다

41. 식사

早饭	zǎofàn / 자오 훠안	아침식사
午饭	wǔfàn / 우 훠안	점심식사
晚饭	wǎnfàn / 완 훠안	저녁식사
吃	chī / 츠	먹다
喝	hē / 허	마시다
渴	kě / 커	목마르다
尝	cháng / 창	맛을 보다
饱	bǎo / 바오	배부르다
饿	è / 어	배고프다
嚼	jiáo / 쟈오	씹다

吞	tūn / 툰	삼키다
主食	zhǔshí / 주 스	주식
小菜	xiǎocài / 샤오 차이	반찬
汤	tāng / 탕	탕, 국
火锅(儿)	huǒguō(r) / 훠 궈얼	신선로 (샤브샤브)
酒菜	jiǔcài / 쥬 차이	술안주
夜餐(宵夜)	yècān (xiāoyè) / 예찬 (쌰우 예)	야식
盒饭	héfàn / 허 훠안	도시락
方便面	fāngbiàn miàn / 황 비옌 미옌	라면
零食	língshí / 링 스	간식

水果	shuǐguǒ / 수이 궈	과일
苹果	píngguǒ / 핑 궈	사과
梨	lí / 리	배
桃子	táozi / 타오 즈	복숭아
葡萄	pútáo / 푸 타오	포도
香蕉	xiāngjiāo / 썅 쟈오	바나나
西红柿	xīhóngshì / 시 훙 쓰	토마토
草莓	cǎoméi / 차오 메이	딸기
西瓜	xīguā / 시 과	수박
甜瓜	tiánguā / 티옌 과	참외

荔枝	lìzhī / 리 즈	여지 (리치)
哈密瓜	hāmìguā / 하 미 과	하미과
口香糖	kǒuxiāngtáng / 커우 쌍 탕	껌
饼干	bǐnggān / 빙 간	과자
糖果	tángguǒ / 탕 궈	사탕
蛋糕	dàngāo / 딴 까오	케이크
巧克力	qiǎokèlì / 챠우 커 리	초콜릿
爆玉米花	bàoyùmǐhuā / 빠오 위 미 화	팝콘
月饼	yuèbǐng / 웨 빙	월병
布丁	bùdīng / 뿌 딩	푸딩

43. 채소

蔬菜	shūcài / 쑤 차이	채소
辣椒	làjiāo / 라 쟈오	고추
蒜	suàn / 쏸	마늘
洋葱	yángcōng / 양 충	양파
南瓜	nánguā / 난 과	호박
茄子	qiézi / 체 즈	가지
黄瓜	huángguā / 황 과	오이
土豆	tǔdòu / 투 떠우	감자
胡萝卜	húluóbo / 후 뤄 붜	당근
玉米	yùmǐ / 위 미	옥수수

白菜	báicài / 바이 차이	배추
萝卜	luóbo / 뤄 붜	무
菠菜	bōcài / 붜 차이	시금치
芹菜	qíncài / 친 차이	미나리
葱	cōng / 충	파
香菜	xiāngcài / 썅 차이	고수
豆芽	dòuyá / 떠우 야	콩나물
花生	huāshēng / 화 성	땅콩
豆	dòu / 떠우	콩
韭菜	jiǔcà / 쥬 차이	부추

茶	chá / 차	차
咖啡	kāfēi / 카 훼이	커피
可口可乐	kěkǒukělè / 커 커우 커 러	코카콜라
果汁	guǒzhī / 궈 즈	주스
汽水	qìshuǐ / 치 수이	사이다
绿茶	lǜchá / 뤼 차	녹차
花茶	huāchá / 화 차	화차
乌龙茶	wūlóngchá / 우 룽 차	우롱차
红茶	hōngchá / 훙 차	홍차
龙井茶	lóngjǐngchá / 룽 징 차	용정차

啤酒	píjiǔ / 피 쥬	맥주
烧酒	shāojiǔ / 사오 쥬	소주
洋酒	yángjiǔ / 양 쥬	양주
白酒	báijiǔ / 바이 쥬	배갈, 백주
人参酒	rénshēnjiǔ / 런 썬 쥬	인삼주
葡萄酒	pútáojiǔ / 푸 타오 쥬	포도주
茅台酒	máotáijiǔ / 마오 타이 쥬	모태주
茉莉花茶	mòlìhuāchá / 뭐 리 화 차	쟈스민차
威士忌酒	wēishìjìjiǔ / 우이 쓰 찌 쥬	위스키
鸡尾酒	jīwěijiǔ / 찌 우이 쥬	칵테일

韩国菜	hánguócài / 한 궈 차이	한식
中餐	zhōngcān / 쭝 찬	중국요리
日本菜	rìběncài / 을 번 차이	일식
西餐	xīcān / 씨 찬	양식
京菜	jīngcài / 징 차이	북경요리
沪菜	hùcài / 후 차이	상해요리
粤菜	yuècài / 웨 차이	광동요리
川菜	chuāncài / 촨 차이	사천요리
鲁菜	lǔcài / 루 차이	산동요리
北京烤鸭	běijīngkǎoyā / 베이 징 카오 야	북경오리구이

蒸饺子	zhēngjiǎozi / 쩡 쟈오 즈	찐만두
水饺子	shuǐjiǎozi / 수이 쟈오 즈	물만두
羊肉串儿	yángròuchuàn(r) / 양 러우 촬	양고기꼬치
牛排	niúpái / 뉴 파이	소갈비
米饭	mǐfàn / 미 휘안	백반
粥	zhōu / 저우	죽
炒饭	chǎofàn / 차오 휘안	볶음밥
面包	miànbāo / 미옌 보우	빵
面条	miàntiáo / 미옌 탸오	국수
烧饼	shāobing / 싸오 빙	구운 빵

46. 육·어류

肉	ròu / 러우	고기
牛肉	niúròu / 뉴 러우	쇠고기
鸡肉	jīròu / 찌 러우	닭고기
猪肉	zhūròu / 쭈 러우	돼지고기
羊肉	yángròu / 양 러우	양고기
鸭肉	yāròu / 야 러우	오리고기
瘦肉	shòuròu / 써우 러우	살코기
火腿	huǒtuǐ / 훠 투이	소시지
五花肉	wǔhuāròu / 우 화 러우	삼겹살
排骨	páigǔ / 파이 구	갈비

里脊肉	lǐjiròu / 리 지 러우	등심
鸡翅	jīchì / 찌 츠	닭날개
鸡腿	jītuǐ / 찌 투이	닭다리
鱼	yú / 위	물고기
虾	xiā / 씨야	새우
蟹	xiè / 쎄	게
刀鱼	dāoyú / 따오 위	갈치
沙丁鱼	shādīngyú / 싸 딩 위	정어리
乌贼	wūzéi / 우 제이	오징어
金鱼	jīnyú / 찐 위	금붕어

47. 조미료

酱油	jiàngyóu / 쨩 여우	간장
醋	cù / 추	식초
大酱	dàjiàng / 따 쨩	된장
胡椒	hújiāo / 후 쟈오	후추
白糖	báitáng / 바이 탕	설탕
盐	yán / 옌	소금
味精	wèijīng / 우이 징	미원
辣椒粉	làjiāofěn / 라 쟈오 훤	고춧가루
辣椒酱	làjiāojiàng / 라 쟈오 쨩	고추장
姜	jiāng / 쟝	생강

油	yóu / 여우	기름
芝麻油	zhīmayóu / 쯔 마 여우	참기름
芝麻酱	zhīmajiàng / 쯔 마 쨩	참깨장
红糖	hóngtáng / 훙 탕	흑설탕
辣椒油	làjiāoyóu / 라 쟈오 여우	칠리소스
花椒	huājiāo / 화 쟈오	산초
豆油	dòuyóu / 떠우 여우	콩기름
番茄酱	fānqiéjiàng / 훠안 체 쨩	케첩
芥末	jièmo / 쩨 뭐	겨자
蒜	suàn / 쏸	마늘

48. 레스토랑

餐厅	cāntīng / 찬 팅	레스토랑
菜单	càidān / 차이 딴	메뉴
套餐	tàocān / 타오 찬	풀코스
拿手菜	náshǒucài / 나 서우 차이	추천요리
名菜	míngcài / 밍 차이	유명한 요리
订餐	dìngcān / 띵 찬	음식을 주문하다
男服务员	nánfúwùyuán / 난 후 우 위옌	웨이터
女服务员	nǚfúwùyuán / 뉘 후 우 위옌	웨이트리스
客人	kèrén / 커 런	손님
厨师	chúshī / 추 스	주방장

收据	shōujù / 서우 쮜	영수증
结算(结帐)	jiésuàn (jiézhàng) / 제 쏸 (제 짱)	계산하다
付款	fùkuǎn / 후 관	지불하다
均摊	jūntān / 쥔 탄	각자부담
预订席	yùdìngxí / 위 띵 시	예약석
餐巾	cānjīn / 찬 진	냅킨
矿泉水	kuāngquánshuǐ / 쾅 취옌 수이	생수
湿巾	shījīn / 스 진	물수건
饮料	yǐnliào / 인 랴오	음료
酒类	jiǔlèi / 쥬 레이	주류

49. 음식점

饭店	fàndiàn / 훠안 띠옌	(호텔의) 레스토랑
食品店	shípǐndiàn / 스 핀 띠옌	식품점
日本餐厅	rìběncāntīng / 올 번 찬 팅	일식당
韩国餐厅	hánguócāntīng / 한 궈 찬 팅	한식당
中餐厅	zhōngcāntīng / 쭝 찬 팅	중식당
西餐厅	xīcāntīng / 씨 찬 팅	양식당
自助餐	zìzhùcān / 쯔 쭈 찬	뷔페
冷面馆	lěngmiànguǎn / 렁 미옌 관	냉면전문점
肉店	ròudiàn / 러우 띠옌	정육점
海鲜馆	hǎixiānguǎn / 하이 시옌 관	생선가게

面包店	miànbāodiàn / 미옌 뿌우 띠옌	빵집
水果店	shuǐguǒdiàn / 수이 궈 띠옌	과일가게
蔬菜店	shūcàidiàn / 쑤 차이 띠옌	채소가게
自选商场	zìxuǎnshāngchǎng / 쯔 쉬옌 쌍 창	수퍼마켓
糖果店	tángguǒdiàn / 탕 궈 띠옌	사탕가게
咖啡厅	kāfēitīng / 카 훼이 팅	커피숍
酒吧	jiǔbā / 쥬 빠	술집
茶馆	cháguǎn / 차 관	찻집
食堂	shítáng / 스 탕	식당
粮店	liángdiàn / 량 띠옌	쌀가게

50. 식기

盘子	pánzi / 판 즈	접시
汤碗	tāngwǎn / 탕 완	국그릇
饭碗	fànwǎn / 훠안 완	밥그릇
饭勺	fànsháo / 훠안 사오	숟가락
筷子	kuàizi / 콰이 즈	젓가락
杯子	bēizi / 뻬이 즈	컵
保温瓶	bǎowēnpíng / 바오 원 핑	보온병
叉子	chāzi / 차 즈	포크
牙签	yáqiān / 야 치옌	이쑤시개
菜刀	càidāo / 차이 다오	식칼

汤匙	tāngchí / 탕 츠	(중국식) 국숟가락
茶杯	chábēi / 차 뻬이	찻잔
茶壶	cháhú / 차 후	찻주전자
煎锅	jiānguō / 찌옌 궈	프라이팬
菜板	càibǎn / 차이 반	도마
煤气灶	méiqìzào / 메이 치 짜오	가스렌지
餐刀	cāndāo / 찬 다오	과일칼
咖啡杯	kāfēibēi / 카 훼이 뻬이	커피잔
锅子	guōzi / 궈 즈	냄비
玻璃杯	bōlibēi / 뭐 리 뻬이	유리컵

51. 방이름

客厅	kètīng / 커 팅	거실
餐厅	cāntīng / 찬 팅	식당
卧室	wòshì / 워 쓰	침실
里间	lǐjiān / 리 지옌	안방
工作间	gōngzuòjiān / 꿍 쭤 지옌	작업실
书房	shūfáng / 쑤 훠앙	서재
厕所	cèsuǒ / 처 쉬	화장실
浴室	yùshì / 위 쓰	욕실
厨房	chúfáng / 추 훠앙	주방
地下室	dìxiàshì / 띠 씨야 쓰	지하실

车库	chēkù / 처 쿠	차고
仓库	cāngkù / 창 쿠	창고
走廊	zǒuláng / 저우 랑	복도
地板革	dìbǎngé / 띠 반 거	장판
墙	qiáng / 챵	벽
天棚	tiānpéng / 티옌 펑	천장
房间	fángjiān / 훠앙 지옌	방
阳台	yángtái / 양 타이	베란다
房顶(屋顶)	fángdǐng (wūdǐng) / 황 딩 (우 딩)	지붕, 옥상
楼梯	lóutī / 러우 티	계단

家具	jiājù / 쨔 쮜	가구
桌子	zhuōzi / 쭤 즈	책상
衣服架	yīfújià / 이 후 쨔	옷걸이
沙发	shāfā / 싸 화	소파
餐桌	cānzhuō / 찬 쭤	식탁
椅子	yǐzi / 이 즈	의자
衣柜	yīguì / 이 꾸이	옷장
化装台	huàzhuāngtái / 화 쫭 타이	화장대
书柜	shūguì / 쑤 꾸이	책장
镜子	jìngzi / 찡 즈	거울

垃圾箱	lājīxiāng / 라 지 썅	쓰레기통
床	chuáng / 촹	침대
毯子	tǎnzi / 탄 즈	담요
枕头	zhěntou / 전 터우	베개
被子	bèizi / 뻬이 즈	이불
单人床	dānrénchuáng / 딴 런 촹	싱글침대
双人床	shuāngrénchuáng / 쑤앙 런 촹	더블침대
上下铺	shàngxiàpù / 쌍 씨야 푸	이층침대
烟灰缸	yānhuīgāng / 옌 후이 깡	재떨이
抽屉	chōuti / 처우 티	서랍

53. 가전제품

电视机	diànshìjī / 띠옌 쓰 지	텔레비전
日光灯	rìguāngdēng / 을 광 떵	형광등
收音机	shōuyīnjī / 써우 인 지	라디오
洗衣机	xǐyījī / 시 이 지	세탁기
电冰箱	diànbīngxiāng / 띠옌 삥 썅	냉장고
微波炉	wēibōlú / 우이 버 루	전자렌지
电池	diànchí / 띠옌 츠	건전지
录像机	lùxiàngjī / 루 썅 지	비디오
电风扇	diànfēngshàn / 띠옌 후엉 쌘	선풍기
空调	kōngtiáo / 쿵 탸오	에어컨

录音机	lùyīnjī / 루 인 지	녹음기
吸尘器	xīchénqì / 씨 천 치	청소기
照相机	zhàoxiàngjī / 짜오 썅 지	카메라
榨汁机	zhàzhījī / 짜 즈 지	믹서기
电饭锅	diànfànguō / 띠옌 훠안 궈	전기밥솥
电熨斗	diànyùndǒu / 띠옌 윈 더우	전기다리미
电热毯	diànrètǎn / 띠옌 러 탄	전기담요
开关	kāiguān / 카이 관	스위치
吹风机	chuīfēngjī / 추이 횡 지	헤어 드라이어
电脑	diànnǎo / 띠옌 나오	컴퓨터

54. 인테리어

室内装饰	shìnèizhuāngshì / 쓰 네이 좡 쓰	실내장식
台灯	táidēng / 타이 떵	스탠드
窗帘	chuānglián / 창 롄	커튼
花瓶	huāpíng / 화 핑	꽃병
吊灯	diàodēng / 댜오 떵	샹들리에
挂钟	guàzhōng / 꽈 중	괘종시계
座钟	zuòzhōng / 쭤 중	탁상시계
地毯	dìtǎn / 띠 탄	카펫
柜子	guìzi / 꾸이 즈	옷장
床罩	chuángzhào / 촹 짜오	침대커버

室内用品	shìnèiyòngpǐn / 쓰 네이 융 핀	실내용품
靠垫	kàodiàn / 카오 띠옌	쿠션
鱼缸	yúgāng / 위 깡	어항
闹钟	nàozhōng / 나오 중	알람시계
床垫	chuángdiàn / 촹 띠옌	침대 매트리스
墙壁纸	qiángbìzhǐ / 챵 삐 즈	벽지
枝型挂灯	zhīxíngguàdēng / 즈 싱 꽈 덩	장식등
凉席	liángxí / 량 시	돗자리
花盆	huāpén / 화 펀	화분
百叶窗	bǎiyè chuāng / 바이 예 촹	블라인드

家务	jiāwù / 쨔 우	가사 (집안일)
打扫	dǎsǎo / 다 사오	청소하다
收拾	shōushi / 써우 스	정리하다
擦	cā / 차	닦다
晒	shài / 싸이	햇볕을 쬐다
洗衣粉	xǐyīfěn / 시 이 훤	(세탁용) 가루비누
洗衣服	xǐ yīfu / 시 이 후	세탁하다
洗碗	xǐwǎn / 시 완	그릇을 씻다
扫帚	sàozhou / 싸오 저우	빗자루
灰尘	huīchén / 후이 천	먼지

烫衣服	tàng yīfu / 탕 이 후	옷을 다리다
抹布	mābù / 마 뿌	행주, 걸레
做菜	zuòcài / 쭤 차이	요리를 하다
切	qiē / 체	썰다
煎	jiān / 찌옌	지지다, 부치다
烤	kǎo / 카오	불에 굽다
蒸	zhēng / 쩡	찌다
煮	zhǔ / 주	삶다
爆	bào / 빠오	튀기다
烧	shāo / 싸오	굽다, 볶다

祝贺	zhùhè / 쭈 허	축하
活动	huódòng / 훠 뚱	행사
生日	shēngrì / 썽 을	생일
入学	rùxué / 루 쉐	입학
毕业	bìyè / 삐 예	졸업
就业	jiùyè / 찌유 예	취직
晋升	jìnshēng / 찐 썽	승진
怀孕	huáiyùn / 화이 윈	임신
分娩	fēnmiǎn / 풘 미옌	출산하다
合格	hégé / 허 거	합격

拜年	bàinián / 빠이 니옌	새해를 축하하다
庆祝	qìngzhù / 칭 쭈	경축하다
恭喜	gōngxǐ / 꿍 시	축하하다
升学	shēngxué / 썽 쉐	진학하다
入学考试	rùxuékǎoshì / 루 쉐 카오 쓰	입학시험
毕业典礼	bìyèdiǎnlǐ / 삐 예 디옌 리	졸업식
压岁钱	yāsuìqián / 야 쑤이 치옌	세뱃돈
坟墓	fénmù / 훤 무	무덤
葬礼	zànglǐ / 짱 리	장례
吉庆	jíqìng / 지 칭	경사스럽다

57. 연애 · 결혼

恋爱	liàn'ài / 리옌 아이	연애
结婚	jiéhūn / 제 훈	결혼
订婚	dìnghūn / 띵 훈	약혼
喜糖	xǐtáng / 시 탕	결혼식 때 주는 사탕
喜酒	xǐjiǔ / 시 지유	결혼 축하주
喜宴	xǐyàn / 시 옌	결혼 피로연
对象	duìxiàng / 뚜이 썅	결혼 상대자
新郎	xīnláng / 씬 랑	신랑
新娘	xīnniáng / 씬 냥	신부
婆家	pójia / 풔 쟈	시댁

娘家	niángjia / 냥 쟈	친정
新婚	xīnhūn / 씬 훈	신혼
再婚	zàihūn / 짜이 훈	재혼
离婚	líhūn / 리 훈	이혼
求婚	qiúhūn / 치유 훈	프로포즈
媒人	méirén / 메이 런	중매쟁이
结婚典礼	jiéhūn diǎnlǐ / 제 훈 디옌 리	결혼식
新婚旅行	xīnhūn lǚxíng / 신 훈 뤼 싱	신혼여행
来宾	láibīn / 라이 삔	내빈, 손님
谈恋爱	tánliàn'ài / 탄 리옌 아이	연애하다

58. 종교

信仰	xìnyǎng / 씬 양	신앙
宗教	zōngjiào / 쭝 쨔오	종교
基督教	jīdūjiào / 찌 두 쨔오	기독교
天主教	tiānzhǔjiào / 티옌 주 쨔오	천주교
佛教	fójiào / 훠 쨔오	불교
伊斯兰教	yīsīlánjiào / 이 스 란 쨔오	이슬람교
印度教	yìndùjiào / 인 두 쨔오	힌두교
喇嘛教	lǎma jiào / 라 마 쨔오	라마교
寺庙	sìmiào / 쓰 먀오	절
教堂	jiàotáng / 쨔오 탕	교회당, 예배당

神圣	shénshèng / 선 썽	성스럽다
祈祷	qídǎo / 치 다오	기도하다
新教	xīnjiào / 신 쨔오	(기독교의) 신교
修女	xiūnǚ / 시유 뉘	수녀
牧师	mùshī / 무 쓰	목사
圣经	shèngjīng / 썽 징	성경
佛经	fójīng / 풔 징	불경
神父	shénfù / 선 후	신부
和尚	héshang / 허 상	스님
尼姑	nígū / 니 구	여승

节假日	jiéjiàrì / 제 쨔 을	경축일과 휴일
春节	chūnjié / 춘 제	음력설, 춘절
端午节	duānwǔjié / 똰 우 제	단오절
中秋节	zhōngqiūjié / 쭝 치유 제	추석
国庆节	guóqìngjié / 궈 칭 제	국경절
儿童节	értóngjié / 얼 퉁 제	어린이날
圣诞节	shèngdànjié / 썽 딴 제	크리스마스
建军节	jiànjūnjié / 찌옌 쮠 제	군인의 날
教师节	jiàoshījié / 쨔오 스 제	스승의 날
元宵节	yuánxiāojié / 위엔 샤오 제	정월 대보름

元旦	yuándàn / 위엔 딴	신정
劳动节	láodòngjié / 라오 뚱 제	노동절
妇女节	fùnǚjié / 후 뉘 제	여성의 날
纪念日	jìniànrì / 찌 니옌 을	기념일
愚人节	yūrénjié / 위 런 제	만우절
青年节	qīngniánjié / 칭 니옌 제	청년의 날
清明节	qīngmíngjié / 칭 밍 제	청명
双十节	shuāngshíjié / 쌍앙 스 제	쌍십절
情人节	qíngrénjié / 칭 런 제	발렌타인 데이
七夕	qīxī / 치 시	칠석

149

6장

학교 와 사회 생활

60. 학교

학교	xuéxiào / 쉐 샤오	학교
小学	xiǎoxué / 샤오 쉐	초등학교
初中	chūzhōng / 추 중	중학교
高中	gāozhōng / 까오 중	고등학교
专科学校	zhuānkē xuéxiào / 쫜안 커 쉐 샤오	전문대학
大学	dàxué / 따 쉐	대학
研究生院	yánjiūshēngyuàn / 옌 쥬 썽 위엔	대학원
幼儿园	yòu'ér yuán / 여우 얼 위엔	유치원
托儿所	tuō'ér suǒ / 퉈 얼 숴	탁아소
上课	shàngkè / 쌍 커	수업하다

下课	xiàkè / 씨야 커	수업을 마치다
讲课	jiǎngkè / 쟝 커	강의하다
教室	jiàoshì / 쨔오 쓰	교실
教科书(课本)	jiàokēshū(kèběn) / 쨔오 커 쑤(커 번)	교과서
黑板	hēibǎn / 헤이 반	칠판
粉笔	fěnbǐ / 훤 비	분필
图书馆	túshūguǎn / 투 쑤 관	도서관
体育馆	tǐyùguǎn / 티 위 관	체육관
校长	xiàozhǎng / 샤오 장	교장, 총장
教授	jiàoshòu / 쨔오 써우	교수

61. 학과

学科	xuékē / 쉐 커	학과
语言学	yǔyánxué / 위 옌 쉐	언어학
文学	wénxué / 원 쉐	문학
数学	shùxué / 쑤 쉐	수학
生物化学	shēngwù huàxué / 썽 우 화 쉐	생물화학
医学	yīxué / 이 쉐	의학
化学	huàxué / 화 쉐	화학
地理学	dìlǐxué / 띠 리 쉐	지리학
心理学	xīnlǐxué / 씬 리 쉐	심리학
经营管理学	jīngyíngguǎnlǐxué / 찡잉관리쉐	경영학

法学	fǎxué / 훠아 쉐	법학
哲学	zhéxué / 저 쉐	철학
药学	yàoxué / 야오 쉐	약학
农学	nóngxué / 눙 쉐	농학
天文学	tiānwénxué / 티옌 원 쉐	천문학
政治学	zhèngzhìxué / 쩡 즈 쉐	정치학
工学	gōngxué / 꿍 쉐	공학
机械工程学	jīxiègōngchéngxué / 찌쎄꿍청쉐	기계공학
建筑工程学	jiànzhùgōngchéngxué / 찌옌쭈꿍청쉐	건축공학
林学	línxué / 린 쉐	임학

电脑	diànnǎo / 띠옌 나오	컴퓨터
手提电脑	shǒutídiànnǎo / 서우 티 띠옌 나오	노트북
电脑盲	diànnǎománg / 띠옌 나오 망	컴맹
软件	ruǎnjiàn / 롼 찌옌	소프트웨어
硬件	yìngjiàn / 잉 찌옌	하드웨어
打字	dǎzì / 다 쯔	타자
鼠标	shǔbiāo / 수 뱌오	마우스
监视器	jiānshìqì / 찌옌 쓰 치	모니터
键盘	jiànpán / 찌옌 판	키보드
因特网	yīntèwǎng / 인 터 왕	인터넷

电子邮件	diànzǐyóujiàn / 띠옌 즈 여우 쨴	전자우편
网站	wǎngzhàn / 왕 짠	사이트
登记名	dēngjìmíng / 떵 찌 밍	아이디
网络	wǎngluò / 왕 뤄	네트워크
网吧	wǎngbā / 왕 빠	PC 방
网上电话	wǎngshàngdiànhuà / 왕 쌍 띠옌 화	인터폰
数码	shùmǎ / 쑤 마	디지털
网友	wǎngyǒu / 왕 여우	채팅친구
病毒	bìngdú / 삥 두	바이러스
游戏	yóuxì / 여우 씨	게임

文具	wénjù / 원 쮜	문구
文件夹	wénjiànjiā / 원 찌옌 쟈	파일
夹子	jiāzi / 쟈 즈	클립
钢笔	gāngbǐ / 깡 비	만년필
彩色铅笔	cǎisèqiānbǐ / 차이 써 쳰 비	색연필
颜料	yánliào / 옌 랴오	물감
图画本	túhuàběn / 투 화 번	스케치북
笔记本	bǐjìběn / 비 찌 번	노트
橡皮	xiàngpí / 썅 피	지우개
铅笔	qiānbǐ / 쳰 비	연필

小刀	xiǎodāo / 샤오 다오	작은 칼
剪子	jiǎnzi / 지옌 즈	가위
彩色纸	cǎisèzhǐ / 차이 써 즈	색종이
浆糊	jiànghu / 쨩 후	풀
蜡笔	làbǐ / 라 비	크레파스
圆规	yuánguī / 위엔 구이	컴퍼스
尺	chǐ / 츠	자
圆珠笔	yuánzhūbǐ / 위엔 쭈 비	볼펜
练习本	liànxíběn / 리옌 시 번	연습장
笔盒	bǐhé / 비 허	필통

职业	*zhíyè* / 즈 예	직업
公务员	*gōngwùyuán* / 꿍 우 위엔	공무원
职员	*zhíyuán* / 즈 위엔	직원
军人	*jūnrén* / 쥔 런	군인
教师	*jiàoshī* / 쨔오 스	교사
医生	*yīshēng* / 이 성	의사
护士	*hùshi* / 후 스	간호사
警察	*jǐngchá* / 징 차	경찰
消防队员	*xiāofáng duìyuán* / 샤오 황 뚜이 위엔	소방관
工程师	*gōngchéngshī* / 꿍 청 스	기사

律师	lùshī / 뤼 스	변호사
木匠	mùjiàng / 무 쨩	목수
办事员	bànshìyuán / 빤 쓰 위엔	사무원
农民	nóngmín / 눙 민	농민
艺术家	yìshùjiā / 이 수 쟈	예술가
作家	zuòjiā / 쭤 쟈	작가
美容师	měiróngshī / 메이 룽 스	미용사
翻译官	fànyìguān / 환 이 관	번역(가), 통역(가)
会计师	kuàijìshī / 콰이 찌 스	회계사
临时工	línshígōng / 린 스 꿍	임시직

职务	zhíwù / 즈 우	직무
董事长	dǒngshìzhǎng / 둥쓰장	이사장
总经理	zǒngjīnglǐ / 중 징 리	사장
部长	bùzhǎng / 뿌 장	장관
副官	fùguān / 후 관	부관
科长	kēzhǎng / 커 장	과장
主任	zhǔrèn / 주 런	주임
厂长	chǎngzhǎng / 창 장	공장장
院长	yuànzhǎng / 위엔 장	원장
秘书	mìshū / 미 수	비서

团长	tuánzhǎng / 퇀 장	단장
代表	dàibiǎo / 따이 뱌오	대표
局长	júzhǎng / 쥐 장	국장
经理	jīnglǐ / 징 리	책임자, 지배인
书记	shūji / 쑤 지	서기
理事	lǐshì / 리 쓰	이사
理事长	lǐshìzhǎng / 리 쓰 장	이사장
委员长	wěiyuánzhǎng / 우이 위엔 장	위원장
议员	yìyuán / 이 위엔	의원
伙伴	huǒbàn / 훠 빤	파트너

政治家	zhèngzhìjiā / 쩡 즈 쟈	정치가
经济家	jīngjìjiā / 찡 지 쟈	경제인
国民	guómín / 궈 민	국민
政府	zhèngfǔ / 쩡 후	정부
首脑会议	shǒunǎohuìyì / 서우 나오 후이 이	정상회담
总统	zǒngtǒng / 중 퉁	대통령
国会议员	guóhuì yìyuán / 궈 후이 이 위엔	국회의원
宪法	xiànfǎ / 씨옌 훠아	헌법
政党	zhèngdǎng / 쩡 당	정당
预算	yùsuàn / 위 쏸	예산

税金	shuìjīn / 쑤이 찐	세금
消费	xiāofèi / 샤오 훼이	소비
生产	shēngchǎn / 썽 찬	생산
物价	wùjià / 우 쨔	물가
进口	jìnkǒu / 찐 커우	수입하다
出口	chūkǒu / 추 커우	수출하다
流通	liútōng / 리유 통	유통
投资	tóuzī / 터우 쯔	투자
资本(资金)	zīběn(zījīn) / 쯔 번 (쯔 진)	자본, 자금
景气	jǐngqì / 징 치	경기

法律	fǎlǜ / 훠아 뤼	법률
审判	shěnpàn / 선 판	재판하다
法院	fǎyuàn / 훠아 위엔	법원
检查	jiǎnchá / 지엔 차	검사하다
审判长	shěnpànzhǎng / 선 판 장	판사
证人	zhèngrén / 쩡 런	증인
原告	yuángào / 위엔 까오	원고
被告	bèigào / 뻬이 까오	피고
有罪	yǒuzuì / 여우 쭈이	유죄
刑法	xíngfǎ / 싱 훠아	형법

逮捕	dàibǔ / 따이 부	체포(하다)
犯人	fànrén / 풘안 런	범인
违反	wéifǎn / 우이 풘안	위반
诉讼	sùsòng / 쑤 쑹	소송
辩护人	biànhùrén / 삐옌 후 런	변호인
监狱	jiānyù / 짼 위	감옥
释放	shìfàng / 쓰 풩앙	석방
权利	quánlì / 취옌 리	권리
义务	yìwù / 이 우	의무
处罚	chǔfá / 추 풔아	처벌

68. 금융

金融	jīnróng / 찐 룽	금융
股份	gǔfèn / 구 훤	주식
股票	gǔpiào / 구 퍄오	증권
股票市场	gǔpiàoshìchǎng / 구 파오 쓰 창	증권시장
贷款	dàikuǎn / 따이 콴	대출하다
信用贷款	xìnyòng dàikuǎn / 씬 융 따이 콴	신용 대부
分期付款	fēnqī fùkuǎn / 훤 치 후 콴	정기 분할 지불
金融机构	jīnróng jīgòu / 찐 룽 지 꺼우	금융기관
金融资本	jīnróng zīběn / 찐 룽 즈 번	금융자본
金融市场	jīnróng shìchǎng / 찐 룽 쓰 창	금융시장

投资信托	tóuzīxìntuō / 터우 즈 씬 퉈	투자신탁
上涨	shàngzhǎng / 쌍 장	오르다
下降	xiàjiàng / 샤 쨩	떨어지다
牌价	páijià / 파이 쨔	시세
红利	hónglì / 훙 리	순이익
上市	shàngshì / 쌍 쓰	상장되다
保险	bǎoxiǎn / 바오 셴	보험
抵押品	dǐyāpǐn / 디 야 핀	담보물
债券	zhàiquàn / 짜이 취옌	채권
债主	zhàizhǔ / 짜이 주	채권자

69. 무역

贸易	màoyì / 마오 이	무역
报价	bàojià / 빠오 쨔	제시가격
估价	gūjià / 꾸 쨔	(가격을) 매기다
洽谈	qiàtán / 챠 탄	교섭, 협의
订货	dìnghuò / 띵 훠	주문
总额	zǒng'é / 중 어	총액
运费	yùnfèi / 윈 훼이	운송비
保险费	bǎoxiǎnfèi / 바오 셴 훼이	보험료
提单	tídān / 티 딴	선하증권 (B/L)
贸易中心	màoyìzhōngxīn / 마오 이 쭝 신	무역센터

贸易协定	màoyìxiédìng / 마오 이 셰 띵	무역 협정
贸易逆差	màoyìnìchā / 마오 이 니 차	무역수지의 적자
贸易顺差	màoyìshùnchā / 마오 이 쑨 차	무역 흑자
包装	bāozhuāng / 빠오 좡	포장
信用证	xìnyòngzhèng / 씬 융 쩡	신용장
支付	zhīfù / 쯔 후	지불하다
合同	hétong / 허 퉁	계약
原本	yuánběn / 위엔 번	원본
副本	fùběn / 후 번	사본
汇票	huìpiào / 후이 퍄오	환어음

新闻广播	xīnwénguǎngbō / 씬 원 광 붜	신문방송
头版	tóubǎn / 터우 반	1면 뉴스
头条新闻	tóutiáo xīnwén / 터우 탸우 씬 원	톱 뉴스
主持人	zhǔchírén / 주 츠 런	사회자
频道	píndào / 핀 따오	채널
新闻节目	xīnwén jiémù / 씬 원 제 무	뉴스 프로그램
广播电台	guǎngbō diàntái / 광붜 띠옌타이	방송국
联播节目	liánbō jiémù / 롄 붜 제 무	네트워크 프로그램
现场直播	xiànchǎng zhíbō / 씨옌 창 즈 붜	생중계
卫星广播	wèixīng guǎngbō / 우이 씽 광 붜	위성방송

记者	jìzhě / 찌 저	기자
摄影记者	shèyǐngjìzhě / 써 잉 찌 저	촬영기자
报纸	bàozhǐ / 빠오 즈	신문
杂志	zázhì / 자 쯔	잡지
编辑部	biānjíbù / 삐옌 지 뿌	편집부
播音员	bōyīnyuán / 붜 인 위엔	아나운서
偶像	ǒuxiàng / 어우 썅	우상
采访	cǎifǎng / 차이 훵앙	인터뷰
演员	yǎnyuán / 옌 위엔	탤런트
广告	guǎnggào / 광 까오	광고

71. 산업

产业	chǎnyè / 찬 예	산업
农业	nóngyè / 눙 예	농업
矿业	kuàngyè / 쾅 예	광업
工业	gōngyè / 꿍 예	공업
商业	shāngyè / 쌍 예	상업
畜牧业	xùmùyè / 쒸 무 예	목축업
旅游业	lǚyóuyè / 뤼 여우 예	관광사업
娱乐业	yúlèyè / 위 러 예	오락산업
林业	línyè / 린 예	임업
营销业	yíngxiāoyè / 잉 샤오 예	영업

海外营销业	háiwàiyíngxiāoyè / 하이와이잉샤오예	해외영업
运输业	yùnshūyè / 윈 쑤 예	운수업
服务行业	fúwù hángyè / 후 우 항 예	서비스업
新兴工业	xīnxīng gōngyè / 씬 싱 꿍 예	신흥 공업
渔业	yúyè / 위 예	어업
医学业	yīxuéyè / 이 쉐 예	의학업
建筑业	jiànzhùyè / 찌옌 쭈 예	건축업
纺织业	fǎngzhīyè / 훵앙 즈 예	방직업
通信业	tōngxìnyè / 퉁 씬 예	통신업
企业	qǐyè / 치 예	기업

商务用语	shāngwùyòngyǔ / 쌍 우 융 위	비즈니스 용어
名片	míngpiàn / 밍 피옌	명함
申请	shēnqǐng / 썬 칭	신청하다
上班	shàngbān / 쌍 빤	출근하다
下班	xiàbān / 씨야 빤	퇴근하다
加班	jiābān / 쟈 빤	야근하다
工资	gōngzī / 꿍 즈	임금
招聘	zhāopìn / 자오 핀	초빙하다, 모집하다
出差	chūchāi / 추 차이	출장가다
奖金	jiǎngjīn / 쟝 찐	보너스

开会	kāihuì / 카이 후이	회의를 열다
经费	jīngfèi / 찡 훼이	경비, 비용
账簿	zhàngbù / 짱 뿌	장부
津贴	jīntiē / 진 테	수당, 보조금
制服	zhìfú / 쯔 후	제복
失业	shīyè / 스 예	실직하다
退休	tuìxiū / 투이 시유	퇴직하다
炒鱿鱼	chǎo yóuyú / 차오 여우 위	파면하다
解雇	jiěgù / 제 꾸	해고되다
改行	gǎiháng / 가이 항	직종을 바꾸다

7장

생물과환경

植物	zhíwù / 즈 우	식물
树木	shùmù / 쑤 무	나무
树枝	shùzhī / 쑤 즈	나뭇가지
树叶	shùyè / 쑤 예	나뭇잎
树苗	shùmiáo / 쑤 먀오	묘목
花	huā / 화	꽃
草	cǎo / 차오	풀
根	gēn / 껀	뿌리
芽	yá / 야	(나무나 풀의) 눈, 싹
叶	yè / 예	초목의 잎

竹子	zhúzi / 주 즈	대나무
种子	zhǒngzi / 중 즈	씨, 씨앗
年轮	niánlún / 녠 룬	나이테
洋槐树	yánghuáishù / 양 화이 쑤	아카시아
梅子	méizi / 메이 즈	매화나무
常绿树	chánglùshù / 창 뤼 쑤	상록수
针叶树	zhēnyèshù / 쩐 예 쑤	침엽수
阔叶树	kuòyèshù / 쿼 예 쑤	활엽수
松树	sōngshù / 쑹 쑤	소나무
木瓜树	mùguāshù / 무 과 쑤	모과나무

花草	huācǎo / 화 차오	화초
无穷花	wúqiónghuā / 우 츙 화	무궁화
梅花	méihuā / 메이 화	매화
郁金香	yùjīnxiāng / 위 찐 씨양	튤립
玫瑰	méigui / 메이 꾸이	장미
大波斯菊	dàbōsījú / 따 붜 스 쥐	코스모스
仙人掌	xiānrénzhǎng / 셴런장	선인장
向日葵	xiàngrìkuí / 썅을 쿠이	해바라기
蒲公英	púgōngyīng / 푸꿍잉	할미꽃
杏花	xìnghuā / 씽화	살구꽃

紫丁香	zǐdīngxiāng / 즈띵썅	라일락
康乃馨	kāngnǎixīn / 캉 나이 신	카네이션
樱花	yīnghuā / 잉화	벚꽃
菊花	júhuā / 쥐화	국화
兰花	lánhuā / 란화	난초
百合花	bǎihéhuā / 바이 허화	백합
摘花	zhāi huā / 짜이 화	꽃을 따다
插花	chā huā / 차화	꽃을 꽂다, 꽃꽂이
开花	kāi huā / 카이 화	꽃이 피다
赏花	shǎng huā / 상화	꽃을 감상하다

75. 동물

动物	dòngwù / 뚱 우	동물
牛	niú / 뉴	소
马	mǎ / 마	말
驴	lǘ / 뤼	당나귀
狒狒	fèifèi / 훼이 훼이	오랑우탄
狮子	shīzi / 쓰 즈	사자
大象	dàxiàng / 따 썅	코끼리
羊	yáng / 양	양
猩猩	xīngxing / 씽 싱	고릴라
熊猫	xióngmāo / 슝 마오	팬더

老虎	lǎohǔ / 라오 후	호랑이
蛇	shé / 서	뱀
老鼠	lǎoshǔ / 라오 수	쥐
骆驼	luòtuo / 뤄 퉈	낙타
狐狸	húli / 후 리	여우
兔子	tùzi / 투 즈	토끼
鹿	lù / 루	사슴
鸡	jī / 찌	닭
龙	lóng / 룽	용
猪	zhū / 쭈	돼지

76. 어류

热带鱼	rèdàiyú / 러 따이 위	열대어
燕鱼	yànyú / 옌 위	날치
海马	hǎimǎ / 하이 마	해마
带鱼	dàiyú / 따이 위	갈치
泥鳅	níqiū / 니 치유	미꾸라지
鲸鱼	jīngyú / 찡 위	고래
海蟹	hǎixiè / 하이 쎄	바닷게
章鱼	zhāngyú / 짱 위	문어
金枪鱼	jīnqiāngyú / 찐 챵 위	참치
鳗鱼	mányú / 만 위	뱀장어

河鱼	héyú / 허 위	민물고기
比目鱼	bǐmùyú / 비 무 위	넙치
草鱼	cǎoyú / 차오 위	산천어
鲤鱼	lǐyú / 리 위	잉어
金鱼	jīnyú / 찐 위	금붕어
秋带鱼	qiūdàiyú / 치유 따이 위	꽁치
鲈鱼	lúyú / 루 위	농어
鲐巴鱼	táibāyú / 타이 바 위	고등어
冻明太鱼	dòngmíngtàiyú / 뚱밍타이위	동태
明太鱼	míngtàiyú / 밍 타이 위	명태

鸟类	niǎolèi / 냐오 레이	조류
鹦鹉	yīngwǔ / 잉 우	앵무새
乌鸦	wūyā / 우 야	까마귀
白鹳	báiguàn / 바이 꾸안	황새
苍蝇	cāngyíng / 창 잉	파리
鹅	é / 어	거위
麻雀	máquè / 마 췌	참새
燕子	yànzi / 옌 즈	제비
黄鼠狼	huángshǔláng / 황 수 랑	족제비
蚂蚁	mǎyǐ / 마 이	개미

黄雀	huángquè / 황 췌	꾀꼬리
蟑螂	zhāngláng / 짱 랑	바퀴벌레
蜘蛛	zhīzhū / 쯔 주	거미
蝴蝶	húdié / 후 데	나비
蚊子	wénzi / 원 즈	모기
蜻蜓	qīngtíng / 칭 팅	잠자리
萤火虫	yínghuǒchóng / 잉 훠 충	개똥벌레
鸽子	gēzi / 꺼 즈	비둘기
蝉	chán / 찬	매미
蜉蝣	fúyǒu / 후 여우	하루살이

宠物	chǒngwù / 충 우	애완동물
狗	gǒu / 거우	개
蛇	shé / 서	뱀
鸟	niǎo / 냐오	새
鸡	jī / 찌	닭
猫	māo / 마오	고양이
哈巴狗	hābagǒu / 하 바 거우	발바리, 삽살개
兔子	tùzi / 투 즈	토끼
金丝雀	jīnsīquè / 진 스 춰	카나리아
波丝猫	bōsīmāo / 붜 스 마오	사자고양이

宠物中心	chǒngwùzhōngxin / 충우중신	애완견 센터
变色龙	biànsèlóng / 삐옌 써 룽	카멜레온
狼狗	lánggǒu / 랑 거우	셰퍼드
乌龟	wūguī / 우 구이	거북이
猴子	hóuzi / 허우 즈	원숭이
蜥易	xīyì / 시 이	도마뱀
鲵鱼	níyú / 니 위	도롱뇽
饲养	sìyǎng / 쓰 양	사육(하다)
饲养员	sìyǎngyuán / 쓰 양 위엔	사육사
称呼	chēnghu / 청 후	(칭호를) 부르다

大自然	dàzìrán / 따 쯔 란	대자연
环境	huánjìng / 환 찡	환경
天空	tiānkòng / 톈 쿵	하늘
大地	dàdì / 따 띠	땅, 대지
山	shān / 싼	산
大海	dàhǎi / 따 하이	바다
山脉	shānmài / 싼 마이	산맥
山峰	shānfēng / 싼 횡	산봉우리
火山	huǒshān / 훠 싼	화산
池塘	chítáng / 츠 탕	못, 늪

洪水	hóngshuǐ / 훙 수이	홍수
瀑布	pùbù / 푸 뿌	폭포
森林	sēnlín / 썬 린	삼림
臭氧	chòuyǎng / 처우 양	오존(ozone)
烟雾	yānwù / 옌 우	스모그
台风	táifēng / 타이 펑	태풍
酸性雨	suānxìngyǔ / 쏸 씽 위	산성비
环境污染	huánjìngwūrǎn / 환 찡 우 란	환경오염
环境保护	huánjìngbǎohù / 환 찡 바오 후	환경보호
环境卫生	huánjìngwèishēng / 환 찡 우이 썽	환경위생

80. 기상

气象	qìxiàng / 치 썅	기상, 날씨
气象站	qìxiàngzhàn / 치 썅 짠	기상 관측소
温度	wēndù / 원 뚜	온도
气温	qìwēn / 치 원	기온
晴天	qíngtiān / 칭 톈	맑은 하늘
阴天	yīntiān / 인 톈	흐린 하늘
暖和	nuǎnhuo / 놘 훠	따뜻하다
凉快	liángkuai / 량 콰이	시원하다
闷热	mēnrè / 먼 러	무덥다
热	rè / 러	덥다

冰	bīng / 삥	얼음
冷	lěng / 렁	춥다
冻	dòng / 뚱	얼다
彩虹	cǎihóng / 차이 훙	무지개
下雨	xiàyǔ / 씨아 위	비가 내리다
下雪	xiàxuě / 씨야 쉐	눈이 내리다
刮风	guāfēng / 꽈 훵	바람이 불다
干燥	gānzào / 깐 짜오	건조하다
潮湿	cháoshī / 차오 스	축축하다, 습하다
天气预报	tiānqì yùbào / 톈 치 위 빠오	일기예보

宇宙	yǔzhòu / 위 쩌우	우주
宇宙飞船	yǔzhòufēichuán / 위 쩌우 훼이 촨	우주선
宇宙飞行	yǔzhòufēixíng / 위 쩌우 훼이 싱	우주비행
宇航员	yǔhángyuán / 위 항 위엔	우주비행사
天体	tiāntǐ / 톈 티	천체
地球	dìqíu / 띠 치유	지구
人造卫星	rénzàowèixīng / 런 짜오 우이 씽	인공위성
银河	yínhé / 인 허	은하
流星	liúxīng / 류 씽	유성
星星	xīngxing / 씽 싱	별

火星	huǒxīng / 훠 씽	화성
航天服	hángtiānfú / 항 티옌 후	우주복
天体望远镜	tiāntǐwàngyuǎnjìng / 톈티왕위엔찡	천체 망원경
北斗星	běidǒuxīng / 베이 더우 씽	북두칠성
月亮	yuèliàng / 웨 량	달
太阳	tàiyáng / 타이 양	태양
火箭	huǒjiàn / 훠 찌옌	로켓
外星人	wàixīngrén / 와이 씽 런	외계인
天文台	tiānwéntái / 티옌 원 타이	천문대
宇宙空间	yǔzhòu kōngjiān / 위 쩌우 쿵 지옌	우주 공간

8장

질병과사고

82. 병원

医院	yīyuàn / 이 위엔	병원
急诊室	jízhěnshì / 지 전 쓰	응급실
手术	shǒushù / 서우 쑤	수술
住院	zhùyuàn / 쭈 위엔	입원
出院	chūyuàn / 추 위엔	퇴원
注射	zhùshè / 쭈 써	주사
病人	bìngrén / 삥 런	환자
中医	zhōngyī / 쭝 이	중의학, 한의학
护士	hùshi / 후 스	간호사
医生	yīshēng / 이 성	의사

内科	nèikē / 네이 커	내과
外科	wàikē / 와이 커	외과
牙科	yákē / 야 커	치과
眼科	yǎnkē / 옌 커	안과
妇产科	fùchǎnkē / 후 찬 커	산부인과
小儿科	xiǎoérkē / 샤오 얼 커	소아과
治疗	zhìliáo / 쯔 랴오	치료하다
救护车	jiùhùchē / 찌유 후 처	구급차
输血	shūxuě / 쑤 쉐	수혈하다
挂号	guàhào / 꽈 호우	접수하다

83. 병

病	bìng / 삥	병
感冒	gǎnmào / 간 마오	감기
受伤	shòushāng / 써우 쌍	상처입다
癌症	áizhèng / 아이 쩡	암
糖尿病	tángniàobìng / 탕 냐오 삥	당뇨병
发烧	fāshāo / 훠아 사오	열이 나다
头痛	tóutòng / 터우 퉁	두통
咳嗽	késou / 커 서우	기침하다
发晕	fāyūn / 훠아 윈	현기증이 나다
过敏症	guòmǐnzhèng / 꿔 민 쩡	알레르기

发抖	fādǒu / 훠아 더우	(벌벌) 떨다
恶心	ěxīn / 어 씬	메스껍다
贫血	pínxuě / 핀 쉐	빈혈
关节炎	guānjiéyán / 꾸안 제 옌	관절염
心脏病	xīnzàngbìng / 씬 짱 삥	심장병
爱滋病	àizībìng / 아이 즈 삥	에이즈
食物中毒	shíwùzhòngdú / 스 우 쭝 두	식중독
发炎	fāyán / 훠아 옌	염증
胃炎	wèiyán / 우이 옌	위염
便秘	biànbì / 삐옌 삐	변비

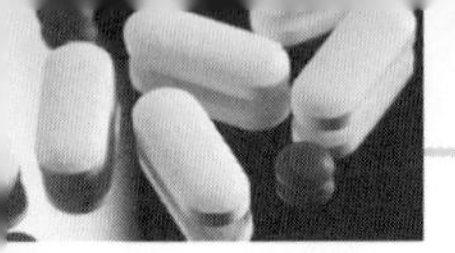

药	yào / 야오	약
消毒药	xiāodúyào / 샤오 두 야오	소독약
软膏	ruǎngāo / 롼 까오	연고
绷带	bēngdài / 뻥 따이	붕대
纱布	shābù / 싸 뿌	가제
中药	zhōngyào / 쭝 야오	한약
西药	xīyào / 시 야오	양약
维生素	wéishēngsù / 우이 썽 쑤	비타민
补药	bǔyào / 부 야오	보약
安眠药	ānmiányào / 안 미옌 야오	수면제

镇静剂	zhènjìngjì / 쩐 징 찌	안정제
眼药	yǎnyào / 옌 야오	안약
胶囊	jiāonáng / 쨔오 낭	캡슐
药粉	yàofěn / 야오 풘	가루약
药丸	yàowán / 야오 완	환약, 알약
肠胃药	chángwèiyào / 창 웨이 야오	위장약
消化药	xiāohuàyào / 샤오 화 야오	소화제
感冒药	gǎnmàoyào / 간 마오 야오	감기약
副作用	fùzuòyòng / 후 쭤 융	부작용
体温计	tǐwēnjì / 티 원 찌	체온계

85. 사고와 재해

事故	shìgù / 쓰 구	사고
救火	jiùhuǒ / 찌유 훠	불을 끄다
失火	shīhuǒ / 스 훠	불이 나다
消防车	xiāofángchē / 샤오 훠앙 처	소방차
消防队	xiāofángduì / 샤오 훠앙 뚜이	소방대
强盗	qiángdào / 챵 따오	강도
小偷	xiǎotōu / 샤오 터우	좀도둑
警察	jǐngchá / 징 차	경찰
灾难	zāinàn / 짜이 난	재해
身份证	shēnfènzhèng / 썬 훤 쩡	신분증

审讯	shěnxùn / 선 쓴	취조하다, 심문하다
公安局	gōngānjú / 꿍 안 쥐	경찰서
证明材料	zhèngmíngcáiliào / 쩡밍차이료우	증빙 서류
犯人	fànrén / 훤안 런	범인
绑架	bǎngjià / 방 쨔	납치하다
受害者	shòuhàizhě / 써우 하이 저	피해자, 희생자
赌博	dǔbó / 두 붜	도박
失踪	shīzōng / 스 중	실종
毒品	dúpǐn / 두 핀	(마약따위의) 독극물
救命	jiùmìng / 찌유 밍	사람 살려!

9장

중국 국기는 오성홍기(五星红旗)로
1949년 공산당정부를 탄생시킨 인민정
치협상회의에서 결정했다. 좌측 상단에 있는 다섯
개의 별 중 가장 큰 것은 중국공산당을 상징하고,
나머지 네 개의 작은 별은 모택동이 분류한 노동자,
농민, 도시소자본계급, 민족자산계급을 의미한다.

중국 국장은 다섯 개의 별이 천안
문을 비추고 그 주위를 이삭과 톱니
바퀴가 감싸고 있는 모양을 한 도안
이다. 천안문은 중국의 민족정신을
상징하고 톱니바퀴와 이삭은 노동계급과 농민을 의
미한다. 다섯 개의 별은 '중국 공산당 영도하에 국민
이 단결한다' 라는 뜻이다. 별 색깔은 황색, 바탕색은
홍색인데, 별의 황색은 중화민족이 황색인종이라는
것을, 바탕의 홍색은 공산당혁명을 의미한다.

87. 국화

중국의 국화(国花)에 대해서는 매화를 "百花 bǎihuā(백화)"의 왕이라 하여 청대 말기에 국화로 지정하였다고 하기도 하고, 전통적으로 모란을 "꽃의 왕"이라 하여 국화로 삼고 있다고도 하나, 정확하게 말하면 아직까지 중국에는 국가에서 공식적으로 지정한 국화가 없는 실정이다. 1999년 중국 곤명에서 세계원예박람회가 개최되었는데, 유독 중국만이 국화가 없어 낭패를 당하자, 중국에서는 하루 빨리 국화를 지정하여 국가의 위상을 높이자는 여론이 일었다. 현재 국화 후보로는 모란이 가장 유력한데, 그 이유는 대부분의 중국인들이 어떠한 위협과 권세도 두려워하지 않고 절개를 굽히지 않는 품성을 상징하는 모란이야말로 그들 중화민족의 민족성과 부합되는 면이 있다고 생각하기 때문이다.

중국의 국토면적은 약 960만km²로 소련, 캐나다에 이어 세계에서 3번째로 큰 나라이며, 동경 73~135도, 북위 18~57도에 걸쳐 위치해 있고 동서길이는 약 5,200km, 남북길이는 약 5,500km, 국경선은 총연장 2만 280km이다.

지형은 전반적으로 청장고원(青藏高原)을 최고 기준면으로 서쪽에서 동쪽으로 갈수록 계단모양으로 낮아지는 구조를 가지고 있다. 아울러 지형이 넓고 오랫동안 외적 영력에 의해 지질역사 진화과정을 거쳤기 때문에 지형이 복잡다양하다. 그 중에서도 산지와 구릉이 전국 토지면적의 43%이고, 고원이 26%이며, 분지가 19%, 평야가 12%이다.

89. 기후

　중국은 국토의 대부분이 온대몬순권이지만 워낙 지역이 광활하여 기후분포 또한 다양하다. 지역별로 동북지방은 겨울이 길고 여름이 짧은 반면, 남부지방은 겨울이 짧으며, 동부 연해지방은 사계절이 분명하고 온난다습한 특성을 띄고 있다. 전체적인 기온분포는 북부보다 남부가 따뜻하며, 고원보다는 평지가 따뜻한 편이다. 연평균기온은 남북이 30°C 이상 차이날 정도로 기온차가 심하다.

　기후는 계절풍 기후가 뚜렷하며 남쪽에서 북쪽으로 가면서 적도대, 열대, 아열대, 난온대, 온대, 한온대 등 6개의 온도대가 나타나고 자연환경도 뚜렷한 차이를 보인다. 강우량도 지역에 따라 편차가 심하기 때문에 산림, 초원, 평야, 사막 등과 같은 자연경관이 중국대륙 전반에 나타난다.

중국의 국가기관을 우리의 주요 관공청에 대응시켜 보면 행정부는 "国务院 guówùyuàn", 부서는 "部 bù"에 해당한다. 또 국무총리는 "总理 zǒnglǐ", 장관은 "部长 bùzhǎng"이 된다.

우리의 국회에 해당되는 "全国人民代表大会 quánguó rénmín dàibiǎo dàhuì (줄여서 全人大 quánréndà)"는 지방 각급 인민대표회의의 정점으로 중국 최고 국가권력기관이다. 이 기관은 성·자치구·직할시 및 군대가 선출하는 대표로 구성되며 임기는 5년으로 매년 한 번씩 대회를 개최한다.

이외에 중국공산당이나 각 민주당파·인민단체·각계 대표로 구성되는 통일전선조직인 "中国人民政治协商会议 zhōngguó rénmín zhèngzhì xiéshānghuìyì (줄여서 政协 zhèngxié)"도 있다.

　중국은 민족이 다양한 만큼 다양한 종교를 가지고 있고, 신앙인구는 약 1억에 달하며, 외국인의 공개적 포교활동은 엄격히 통제되고 있다.

　도교는 약 2세기경에 중국에서 자생한 종교이며 한족들이 주로 믿고 있고, 불교는 기원 전 1세기경에 유입되었으나 4세기경에 널리 확산되어 중국에서 가장 영향을 많이 끼친 종교로 발전했다. 불교의 한 갈래로서 라마교는 주로 서장과 내몽고에 전파되었다. 이슬람교는 7세기 중엽에 중국에 전파되어 회족, 위구르족, 카자흐족 등이 믿고 있다. 천주교와 기독교는 여타 종교에 비해 유입된 시간이 짧고 영향도 적으며 주로 상해, 북경 같은 대도시와 소수의 농민들이 믿고 있다.

중국의 대표적인 경제중심지로는 "上海 shànghǎi" "北京 běijīng" "广州 guǎngzhōu" 등을 들 수 있다.

750억 달러 규모의 중국 증권시장 중심거래소와 국내외 은행들이 몰려 있는 상해가 최근 첨단산업 중심지로 부상하면서 코카콜라 중국 본부를 비롯한 외국기업과 "海尔 hǎiěr" "春兰 chūnlán" "长虹 chánghóng" 등 중국 유명 기업들이 본사를 상해로 옮기기 시작했다.

상해가 최근 크게 부상하고 있지만 다국적 기업의 본부는 대부분 북경에 몰려 있어서, 모토로라, 휴렛 팩커드, 노키아 등 다국적 기업과 삼성, LG, SK의 중국 총본부도 모두 북경에 있으며 세계 500대 기업 중 200여대 기업이 북경에 위치해 있다.

중국 최대의 명절은 춘절(春节)로서, 음력 1월 1일~3일까지이며, 고향과 친지를 찾아 방문하는 민족의 대이동이 이뤄진다. 이 때 북방에서는 만두를, 남방에서는 "年糕 niángāo" 라 부르는 중국식 떡을 만들어 먹는다.

춘절 다음으로 큰 휴일은 10월 1일 국경절이다. 이는 1949년 10월 1일 "毛泽东 máo zédōng" 이 천안문광장에서 중화인민공화국의 탄생을 선포한 날로, 원래는 10월 3일까지가 법정 공휴일이지만 앞뒤 1주일은 국경절의 영향을 받아 연휴가 계속된다.

이 외에 부녀자들에 한해서 반나절을 쉬는 부녀절 "妇女节 fùnǚjié" 가 3월 8일이고, 노동자의 날인 메이데이가 5월 1일로 법정 공휴일이다.

문화대혁명 기간에 이데올로기와 정치훈련에 역점을 두었던 중국의 교육체계는 이제 과학과 기술을 습득하고 전문적인 지식을 갖추는 데 중점을 두고 있다. 만 6살 때 입학하는 6년제 초등교육을 마친 학생은 중학교 3년, 고등학교 3년의 중등교육을 받으며, 초등학교와 중학교 교육기간을 합한 9년간이 의무교육기간이다.

중국 국가교육위원회가 직접 운영하는 최고의 대학교로는 北京 běijīng 대학교, 青华 qīnghuā 대학교, 复旦 fùdàn 대학교, 南开 nánkāi 대학교 등이 있다. 이밖에 모든 성에는 성립(省立)대학교를 비롯해 여러 기술·종합 고등교육기관이 있는데 중국에서는 초등학교를 나온 학생 가운데 0.2%도 안 되는 인원이 전국적인 시험을 치러 정규대학에 들어가며, 학비는 대개 국가에서 지급하고 있다.

출퇴근 시간 등의 러시아워에는 북경의 도로가 자전거들로 가득찬다. 이는 중국에선 아직까지 자전거가 가장 서민적인 교통수단이기 때문이다.

자전거 외에 중국의 주요한 대중 교통수단인 지하철은 출퇴근 시간을 제외하면 가장 빠르고 편안한 교통수단인데, 북경의 경우 시중심을 순환하는 노선과 시 외곽 서쪽 및 동쪽 양방향으로 운행되는 세 개의 노선이 있다. 요금은 거리에 관계없이 3元이며(신규개통 구간은 별도 요금 체계), 운행시간은 5시 30분부터 23시까지이다. 버스요금은 일반버스인 경우 0.5元부터, 냉난방 버스의 경우 2元부터 시작되며 거리에 따라 요금이 달라진다. 택시는 3km 기본 거리에 8元정도이다.

중국의 화폐는 큰 단위부터 순서대로 "元 yuán(块 kuài)", "角 jiǎo(毛 máo)", "分 fēn"의 세 종류가 있고 '1元=10角=100分' 이다. 중국에서 현재 통용되는 지폐는 100元, 50元, 20元, 10元, 5元, 2元, 1元, 5角, 2角, 1角, 5分, 2分, 1分의 13가지이며, 이 중에서 동전은 1元, 5角, 1角, 5分, 2分, 1分짜리가 있다.

중국 내에서 은행을 통해 환전할 경우에는 토·일·경축일을 제외한 평일 영업시간이 09:30부터 12:00시까지, 14:00부터 16:00까지인 것에 유의하자.

참고로, 한국 원화는 "韩币 hánbì", 유로화는 "欧元 ōuyuán"이라고 한다.

97. 경극

중국 전통 희곡 중에서 가장 유명한 것이 "京劇 jīngjù" 이다. 경극의 배역은

남녀노소(男女老少), 준축정사(俊丑正邪)에 의해 생(生), 단(旦), 정(净), 축(丑) 등 4대 배역으로 나뉘며 주로 역사 이야기를 공연한다. 특히 얼굴에 칠한 색은 배역의 성격, 인품과 운명을 결정하는 것으로 경극의 큰 특징이자 줄거리를 이해하는 열쇠이기도 하다. 그 예로 붉은 색 얼굴 분장은 긍정적인 인물이라는 의미로 주로 충성과 용기를 대표하며, 검은색 얼굴은 중성으로 용맹하고 지혜로운 자를 상징하고 있다. 푸른색 얼굴과 녹색 얼굴 역시 중성으로 민간 영웅이나 협객을 나타내며, 황색과 백색 얼굴은 부정적인 의미를 함유하고 있어 흉악한 자를 대표한다. 금색과 은색 얼굴은 신비함을 나타내어 신이나 귀신을 대표하고 있다.

 중국의 요리는 북경·상해·사천·광동의 대표적인 4가지 계통으로 나뉜다. 북경오리구이로 대표되는 북경요리는 북방요리의 통칭으로, 추운 지방인 만큼 기름을 많이 사용하며 짠맛이 절묘히 조화된 것이 특징이다.

 상해요리는 양자강 이남의 강남지방 요리를 통칭하고, 다양한 소재를 살린 요리가 많다. 간장이나 설탕을 많이 써서 단맛이 강한 것이 특징이며, 가을의 상해 꽃게 요리는 미식가들에게 특별히 사랑받고 있다.

 사천요리는 내륙 서남지방 요리로 신맛과 매운맛이 조화를 이루고 있으며, 마파두부 등이 유명하다.

 광동요리는 화남지방 요리의 통칭으로, 조리하는 데 공이 많이 들어가는 것에 비해 맛은 상큼하고 기름기가 적어서 우리나라 사람들에게도 인기가 좋은 요리다.

중국 비자는 주한 중국대사관(http://china.kofa.org)에서 접수하는 것이 원칙이지만 경우에 따라서는 배에서 받는 선상비자나 중국에 도착해서 받는 비자 등 여러 경로로 비자를 받을 수 있다.

외국인은 중국을 방문할 경우 관광비자(L비자, 체류기간 30일), 친지 방문 비자(F비자, 체류기간 90일), 유학비자(X비자, 체류기간 무), 주재원 비자 등 입국 목적에 맞는 유형의 비자를 발급받아야 한다. 참고로, 주한 중국대사관 영사부의 업무시간은 매주 월~금 오전 9시~오전 11시 45분까지이며, 10시 30분 후에는 여행사 신청 시간이므로 개인신청 접수를 받지 않는다. 비용은 현금으로 준비하는 것이 좋으며 서류접수와 교부 기간에 따라 날짜별로 비용이 틀리므로 안내사항을 미리 살펴보고 잘 선택해서 접수해야 한다.

알짜 중국어 단어 1700 포켓판

펴 낸 곳 • 도서출판 월드컴
펴 낸 이 • 강 남 현
펴 낸 날 • 2002년 3월 25일

서울특별시 광진구 중곡 2동 116-9 금강빌딩 4층
(우편번호 143-890)
(등록번호 • 제 5-140호)
(등록일자 • 2000년 1월 17일)
전 화 : (02)3273-4300(代)
F A X : (02)3273-4303
E-mail : wc4300@yahoo.co.kr